安淑新　李世刚　等 著

"僵尸企业"债务处置方式研究

JIANGSHI QIYE
ZHAIWU CHUZHI FANGSHI
YANJIU

人民出版社

目　录

第一部分　主报告

第二部分　专题报告

第三部分 调研报告

第一部分　主报告

深化供给侧结构性改革是我国"十三五"时期经济社会发展的主线,是新时代贯彻新发展理念,建设现代化经济体系,实现高质量发展的首要任务。去产能位居供给侧结构性改革五大重点任务之首,而深入推进去产能的"牛鼻子"就是加快淘汰"僵尸企业",这关系到供给侧结构性改革能否实现实质性突破。"僵尸企业"的退出涉及两个关键问题,一是职工安置,二是债务处置。在推进去产能工作中,"僵尸企业"的职工安置措施相对妥善有效,但债务处置工作却遇到诸多障碍,成为深入推进去产能工作、加快淘汰"僵尸企业"的难题和"拦路虎"。

习近平总书记在 2017 年 2 月 28 日主持召开的中央财经领导小组第十五次会议上强调"要区别不同情况,积极探讨有效的债务处置方式,有效防范道德风险"。如何有效处置"僵尸企业"债务是下一步工作的重要方向,这关系到宏观层面提高经济生产率和降低债务水平,中观层面引导产能过剩行业结构调整和转型升级,微观层面有效分担前期去产能的成本收益,改革层面推动国企改革和理顺政府及市场关系,因此,"僵尸企业"债务处置工作具有以点带面、以局部带动全局的重要意义。

一、"僵尸企业"内涵及时代背景

(一)概念内涵

"僵尸企业"这一概念最早来自日本,可追溯到 Edward Kane 对日本 20 世纪 80 年代和 90 年代的经济危机的解析,指的是那些无望恢复生机、但由于持续获得金融机构或政府的补贴而免于倒闭的高负债企业。目前国内外学界对于"僵尸企业"的内涵没有达成共识。

1. 国外学者的定义

大多数国外学者在界定"僵尸企业"时主要基于两个标准:一是企业陷入财务危机,处于资不抵债或事实上已经处于资不抵债状态。二是企业尽管财务状况糟糕,但依然能够获得债权人的慷慨信贷。对于"陷入财务危机"这一标准,国外一些学者认为必须有更加清晰的阐述。因为企业财务困境发生的来源具有多样性[①],只有因经营不善、缺乏竞争力和发展前景渺茫而陷入财务危机才是定义"僵尸企业"的必要条件,而将那些具有较强的企业竞争力、能够在中长期内获得稳定而充足的现金流、但遭遇外部不利冲击而陷入财务困境的企业不能被认定为"僵尸企业"。除此之外,公司财务困境和经营困境是一对具有紧密

---

① 外部环境的不利冲击或者企业经营效率低下、长期盈利前景渺茫都会导致企业陷入财务困境。

联系但又存在显著差异的概念。有学者认为,必须从财务困境和经济困境两个维度来判定"僵尸企业",如果一个企业陷入财务困境,但仍然具备经济活力,则不应被认定为"僵尸企业"。对于"能够获得债权人的慷慨信贷"这一标准,Ridzak(2011)认为,如果没有银行的继续贷款就会违约的企业就是"僵尸企业"。Hoshi和Kim(2012)则认为,"僵尸企业"是指那些在正常竞争环境下会因为低盈利水平而被驱赶出市场,但实际上因为债权人的帮助而依然存在的企业。

2. 国内学者的定义

国内学者对"僵尸企业"的内涵界定也存在不少差异。有学者认为,"僵尸企业"的重点怀疑对象应是那些盈利状况差、无法按时归还贷款却仍能借新的企业。银行出于自身信用评级的考虑,倾向于包庇这些拖欠贷款的企业,持续对其放贷从而美化财务报表。这类浪费社会资源的企业才是真正的"僵尸企业"。有学者认为"僵尸企业"的提法不够科学,所谓"僵尸企业",就是没有任何生产经营活动,仅剩下一个空壳的企业,以资产负债率、亏损多少、贷款规模等因素来界定并不妥当。有学者认为,某些具有发展前景的企业由于受到外部市场的冲击,暂时成为"僵尸企业",市场环境变好企业生产经营状况就能够得到恢复。如果认定其为"僵尸企业",企业就会得不到银行的支持,使其生产经营情况继续恶化,最终成为真正的"僵尸企业"。有学者提出,不同的行业、地区在界定"僵尸企业"上应有不同的标准,不同行业的资产负债率、经营状况参差不齐,一刀切的界定方法太过鲁莽。还有学者认为"僵尸企业"是一个动态的概念,对其定义应该随时更新。

我们认为,所谓"僵尸企业"就是指丧失自我发展能力和修复能力,必须依靠非市场因素生存的企业,具体表现为已停产半停产、连年亏损、无清偿能力,靠政府或银行"输血"才能维持的企业。"僵尸企业"的长期存在,降低了行业资源配置效率,加剧了产能过剩,增加了金融系统性风险,损害了企业职工权益。

(二)两轮"僵尸企业"产生的时代背景

"僵尸企业"不是一个新问题,在计划经济体制和软预算约束条件下,缺乏市场自生能力的国有企业依靠政府补贴和银行贷款苟延残喘。改革开放以来,我国"僵尸企业"的形成及处置经历过两个阶段,每个阶段的时代背景均不一样。

1.20世纪90年代中后期"僵尸企业"的形成背景

20世纪90年代中后期,我国摆脱了短缺经济,市场经济快速发展和现代企业经营自主权的扩大掀起了一轮投资扩能高潮。长期受计划经济思想束缚,企业普遍对市场增长空间过于乐观,盲目投资、重复建设和资源严重错配从而导致纺织、家电为代表的制造业出现了严重的产能过剩,随之出现三角债、银行坏账高企等严重的债务问题,90年代末期银行不良贷款率高达30%。财政压力巨大,甚至出现了外债风险。同时,叠加亚洲金融危机冲击下有效需求的快速下降,需求端的压力逐步传导到供给端,相关产业出现了大量"僵尸企业"。

面对"僵尸企业"迅速增加、市场效率持续下滑的压力,我国政府从1998年起以国企改革为重点,实施了一系列改革和应对举措,有效应对和化解了"僵尸企业"问题。主要措施包括:一是实施积极的财政政策和中性偏紧的货币政策。加大国债发行规模,增加对"压锭限产"去产能企业的资金补贴,停止向困难国有企业"输血型"支持,倒逼企业去杠杆、去产能和兼并重组。二是运用行政手段清理过剩产能。强有力的行政化手段形成国有企业改革的"撒手锏"和"指挥棒"效应,及时停止重复建设,大力清理过剩产能,推进企业破产清算,国有企业亏损数目大幅减少,劳动生产率得到显著提升。三是积极实施债转股。成立四大国有金融资产管理公司,剥离银行债务,实现债权债务关系向持股分红股东关系的顺利转型,既分摊和弱化了企业经营风险和债务风险,又有效降低了银行不良率。四是大力推动企业兼并重组。遵循市场机制,重点在纺织行业汰劣促优,通过资产重组、债务重组和市场重组等方式提升资源配置效率和市场竞争程度。五是化解过剩产能的同时大力推动国有企业改革。明确提出"从战略上调整国有经济布局和改组国有企业"、"有进有退"、"抓大放小"等政策主张,以去产能为国有企业改革减压减负、优化供给端,通过深化国有企业改革为化解过剩产能消除体制机制层面的壁垒。

2. 本轮"僵尸企业"的形成背景

受 2008 年全球金融危机影响,我国和美国、日本、英国、德国等主要发达国家一样,遭遇了经济增速快速下滑。以往我国产能过剩主要出现在某些行业或局部地区,但这一轮产能过剩问题十分严重,钢铁、煤炭、水泥、有色、装备等行业成为产能过剩"重灾区"。但与 20 世纪 90 年代不同,本轮"僵尸企业"的成因有着鲜明的时代特点,2003 年至 2007 年经济高速运转,再加上金融危机后 4 万亿投资,使得经济进入前期刺激政策的消化期。

一是政府过度保护和投资刺激。政府过于强调稳增长、保就业等目标,导致大量长期亏损企业难以正常退出。一些地方政府出于保财政收入等自利性动机,认为企业破产退出会造成短期内市场主体减少,对政府财政收入的稳定与增长产生较大压力,因而持续不断地向亏损企业输血。还有地方政府认为本地企业破产有损地方形象,甚至限制债权人起诉,使得企业无法通过破产清算等司法途径正常退出市场。同时,由于"僵尸企业"退出将造成大量职工失业,出于维护社会稳定的考虑,地方政府也会持续给予企业补贴。"拉郎配"式兼并重组拖垮优势企业。一些政府官员出于自身政绩的考虑,会违背企业发展规律,要求企业并购重组。如,为减轻财政负担,要求国企并购收益较差的企业,并负责解决和安排职工就业。"拉郎配"的兼并重组容易造成企业间"貌合神离",同时兼并企业背负大量债务使得优势企业发展受阻。地方政府之间恶性竞争造成重复建设。一旦国家将某个行业列入重点扶持范围,地方政府缺乏制定符合本地实际的产业发展战略,就一拥而上支持这个行业的发展,造成重复建设、产能过剩。在该行业出现大量"僵尸企业"之后,政府又纷纷提供优惠政策和补贴来支持企业,希望能够通过自己的"扶持"来"挤垮"其他地区的企业。

二是金融机构对国有企业优先支持。由于国有企业有政府信用担保,银行更倾向于给国有企业贷款。由于国有企业"一企多债",一旦企业无力偿还债务,就会引起连锁反应,甚至造成区域性金融风险,因此,出于防范系统性风险的考虑,政府部门倾向于干预信贷市场,帮助那些可能引起系统性风险的高危企业获得信贷支持,使这些资不抵债的企业仍能存活。同时,金融机构出于业绩考核、责任追究等方面的考虑,也往往会继续向已经失去盈利能力的国有企业提供贷款,由此催生出了许多"僵尸企业"并维持其运转。

三是企业自身发展的固有问题所致。企业自身发展问题也是导致"僵尸企业"产生的主要原因。战略定位不准,跟风现象严重。一部分企业跟风现象严重,缺乏对市场拓展的全盘规划,与市场需求脱轨。缺乏对资源综合开发利用的战略思考,可持续发展的动力不足。技术创新能力不足。企业技术改造投入不足,设备老旧、技术落后,产品创新不到位,产品质量无法满足市场需求,经营绩效下降乃至长期亏损。尚未建立现代企业制度。现代企业制度和公司治理结构的不健全,造成信息不对称,导致企业决策出现偏差。主辅分离不彻底。厂办大集体原来依赖于主办国有企业,绝大部分因缺乏竞争力被淘汰出局,但由于拖欠职工工资、工伤、医疗保险、伤残就业补助等内债,这些大集体无法破产,与之关联的主办企业在无资金来源、无政策支持的情况下,无法解决集体企业职工的内债和社会保险问题,也无法退出。

二、"僵尸企业"标准界定及基本情况

目前,国家层面对"僵尸企业"的认定是对不符合国家能

耗、环保、质量、安全等标准和长期亏损的产能过剩行业企业实行关停并转或剥离重组;对持续亏损3年以上且不符合结构调整方向的企业予以"出清"。这个界定是描述性概念和一般性原则,不够具体,无法精准识别和整体摸清全国"僵尸企业"的底数,不利于推进"僵尸企业"的处置工作。尽管"僵尸企业"的界定存在很大争议,本课题还是根据自己的研究,给出了定义,并根据获得的数据进行了测算,代表本课题组独家观点。

我们认为,符合以下条件之一的企业,可列为"僵尸企业":负债率超过85%,且连续亏损3年及以上的企业;主要靠政府补贴和银行续贷等方式维持生产经营的企业;连续3年欠薪、欠税、欠息、欠费的企业;生产经营困难造成停产半年以上的企业、生产经营困难造成半停产1年以上的企业。

根据以上标准,我们考察了国内中型及以上规模的工业企业,采用问卷调查的方式,获取各省、直辖市"僵尸企业"数据。并且使用中国工业企业数据库对相关数据进行了核对和调整,从而对我国"僵尸企业"进行了全面研究。按照上述条件筛选,2015年全国"僵尸企业"数量为5497家。同时发现这些"僵尸企业"存在以下特点:

一是"僵尸企业"资产负债率较高。2015年全国"僵尸企业"资产总额为29068.4亿元,负债总额为25708.9亿元,平均资产负债率为88.4%,在职人数为239.9万人。全国"僵尸企业"资产总额占全国规模以上工业企业资产总额的2.8%,虽然"僵尸企业"的资产占全国规上工业企业资产总额的比重看似较低,并且负债率也不高,平均资产负债率为 88.4%,但实际"僵尸企业"已经是资不抵债,危害极大。另外,目前"僵尸企业"主要集中在钢铁、煤炭、化工、有色、装备等行业,在供给侧结构性改革背景下,这类行业又均属于需要集中去产能的行业,如果这些"僵尸企业"处置不当,将不利于供给侧结构性改革的有效推进,同时也将对经济和社会产生极大的危害和影响。

二是"僵尸企业"亏损额逐年加大。2012—2015 年,"僵尸企业"实现主营业务收入分别为 18238.4 亿元、19430.6 亿元、16423.4 亿元、11659.2 亿元。亏损额分别为 542.9 亿元、756.9 亿元、1315.2 亿元和 1516 亿元,亏损面逐年扩大。

三是"僵尸企业"获得大量政府补贴。2012—2015 年,"僵尸企业"获得政府各类补贴为 128.1 亿元、105.2 亿元、104.7 亿元、82.7 亿元,累计获得政府补贴 420.7 亿元。

四是停产半停产的"僵尸企业"比重较高。"僵尸企业"中,停产半停产企业 4589 家,占比达到 83.5%。其中,停产企业 3011 家,停产 3 年以上企业达到 1225 家。停产企业资产总额为 8281.4 亿元,占"僵尸企业"的 28.5%;负债总额为 8066.7 亿元,占"僵尸企业"的 31.4%;平均资产负债率为 97.4%;涉及人员 164 万人,占"僵尸企业"的 37.7%。

五是国企"僵尸企业"数量、资产和人员均占较大比重。在"僵尸企业"中,国有控股企业有 1544 家,资产为 15354.3 亿元,负债为 13787.8 亿元,分别占全部企业的 28.1%、52.8% 和 53.6%,资产负债率为 89.8%。企业人员总数为 250.8 万人,占全部"僵尸企业"职工人数的 57.7%。集体"僵尸企业"有 564 家,占比 10.3%。资产为 485.6 亿元,负债为 507.3 亿元,资产负债率为 104.5%。企业人员总数为 31.3 万人,占全部"僵尸企业"职工人数的 7.2%。民营"僵尸企业"有 3389 家,资产为 13228.5 亿元,负债为 11413.8 亿元,分别占全部"僵尸企业"的 61.7%、45.5%和 44.4%,资产负债率为 86.3%。企业人员总数为 152.5 万人,占"僵尸企业"职工人数的 35.1%。

六是"僵尸企业"主要集中在钢铁、煤炭、化工等行业。"僵尸企业"主要集中在钢铁、煤炭、化工、有色、装备等行业,这 5 个行业资产、负债均超过 2000 亿元,总计分别占全部"僵尸企业"的 82.6%、82.0%。煤炭、钢铁、装备、化工、纺织 5 个行业企业人员均超过 30 万人,合计占全部"僵尸企业"的 75.7%。2012—2015 年,钢铁、煤炭、化工、有色、装备等 5 个行业累计获得政府补贴 329.9 亿元,占"僵尸企业"政府补贴的 78.4%。

七是"僵尸企业"主要分布在辽宁、河南、湖南等地区。从"僵尸企业"数量来看,辽宁、河南、湖南等 3 省"僵尸企业"数量分别达到 953 家、819 家和 786 家,合计占到全部"僵尸企业"数量的 46.5%。从资产负债来看,河南、四川、河北、甘肃、山西 5 省"僵尸企业"资产总额为 11327.6 亿元,合计占全部"僵尸企业"的 39.0%,负债为 10130.1 亿元,占比为 39.4%。从企业人员来看,河南、辽宁、黑龙江、湖南、四川、河北 6 省每个省"僵尸企业"人数均超过 25 万人,合计 255.6 万人,占全部"僵尸企业"的 58.8%。

三、债务有效处置方式的理论和实践

由于"僵尸企业"形成原因复杂、类型多样,其债务处置更具特殊性,采取什么样的债务处置方式十分关键,既关乎效率、更关乎公平,要坚持市场主导、政府引导的原则。"僵尸企业"债务有效处置方式的内涵并不只停留在会计处理方式上,而是建立在相关机制之上的一系列合理安排的统称。

(一)债务有效处置方式理论内涵

1."僵尸企业"债务处置包括两类情景

债务处置包括两类情景:一是通过适宜的债务处置方式,激活企业有效资产,优化资源配置,在约束条件下争取最大收益,并将相关收益在债权人及第三方、债务人及其他关联人、政府之间合理分配。二是通过适宜的债务处置方式,在约束条件下争取以最小成本实现市场出清,并将债务及相关成本在债权人及第三方、债务人及其他关联人、政府之间合理分配。这两种情景分别适用于不同的企业类型、不同的债务形成原因等,但政府不宜划定标准来规定哪些企业适宜哪种情景,而要在相关机制下协商确立。

2."僵尸企业"债务处置要包括两种机制

债务处置两种机制是成本分享分担机制和平等协商谈判机

制。从本质上讲,"僵尸企业"的债务处置就是要"清算旧账",基于我国"僵尸企业"形成的实际情况,首先要明确的是,各方主体或多或少都负有相关责任,不能因为明面合同上没有规定责任就逃避原本的隐性责任。因而,无论是要重新激活还是出清处置,适宜的债务处置方式实际上都要求有合理的分享分担机制。在理论的理想状况下,包括政府在内的相关参与方应根据"市场规则"来获取收益和承担成本,即按照《公司法》规定以折算的"出资份额"为限分享收益和承担成本。然而,我国"僵尸企业"的形成有多重原因,包括历史的、体制的、政策性复杂因素,在很多情况下,我们很难客观精准地计算清楚政策性因素应该折算成多少份额,进而承担多少成本。因而,"僵尸企业"的债务处置方式中要有平等协商和谈判机制,只有通过平等协商和谈判,才能更好地达到"均衡价格",实现合理的分享分担。

3. 债务处置方式可划分为两大类型

具体到债务处置方式,按照不同标准可以分为不同类型。从企业角度看主要有兼并重组、破产重整和破产清算等方式,而对应到银行等债权人上就是资产处置,主要有债转股、债务批量转让、减免核销不良贷款等方式。我们按照处置的结果来划分,一类是债务存续,即由另一主体作为新的债务人采用适宜方式将"僵尸企业"的债务承接过去,以新的债权债务关系代替旧的,原来的债权债务关系以新的形式继续存续,主要包括兼并重组、债务转让等;另一类是债务消灭,即采用适宜方式将其债务消除,债权债务关系就此结束或者转为非债权债务关系,主要包括破产清算、债转股等。① 如前所述,无论是债务存续还是债务消亡的处置方式,都要建立合理的分享分担机制、平等协商谈判机制,来确保债务处置高效公平。

总之,探索"僵尸企业"的有效债务处置方式就是要分不同情境,构建合理分享分担机制和平等协商谈判机制,采取有效具体处置方式的全过程。两类情景要根据具体企业实际情况而定,两种机制是贯穿债务处置过程的制度体系,而两大类型则根据具体债务处置方式进行区分。其中,分享分担机制和平等协商谈判机制就是在法治框架内、遵循市场规则的机制,而对于具体处置方式的选择和创新则应通过法律法规和政策予以引导。

（二）具体债务处置方式的适用情况及问题分析

具体债务处置方式主要包括兼并重组、债务重组、破产清算、破产重整、和解以及债转股、资产证券化等更加具体的处置方式。债转股、资产证券化等方式可能在前面处置方式中有所应用,比如债务重组、破产重整中都可能会有债转股和减免核销的处置方式。以下我们分别对这些处置方式予以阐述分析,主要是要理清楚适用情况及可能带来的问题。

---

① 实际上,"僵尸企业"的债务处置方式对应到债权方就是资产处置方式,有研究者按照债权人在处置上是否终止将其分为终极处置和阶段性处置:终极处置主要包括破产清算、拍卖、招标、协议转让、折扣变现等方式;阶段性处置主要包括债转股、债务重组、诉讼及诉讼保全、以资抵债、资产置换、企业重组、实物资产再投资完善、实物资产出租、资产重组、实物资产投资等方式。这种分类与债务存续和债务消亡的分类有类似的地方,但也有差异,如债转股是债务消亡,但对债权人来说仍不算是终极处置,还存在较大关联。

1. 兼并重组

兼并重组指在企业竞争中,部分企业因为某些原因无法继续正常运行,考虑到员工等各方面利益,按照一定程序进行企业兼并和股权转让,从而实现企业转型,达到企业重组的目的。兼并重组这种更加市场化的债务处置方式多运用于相对较好的企业,对有品牌、有市场,但无规模、负担过重的企业,实施资产债务重组,通过增资减债、同类同质企业兼并重组、引入社会资本实行产权多元化改革等手段推进企业重新发展。从债务处置角度看,兼并重组使债权债务关系由原企业转移到了新的兼并主体,债务并未消失,而是由新主体承担。

在当前去产能过程中,兼并重组能够最大限度地激活利用存量资源,不仅可以降低就业压力、减少社会损失,还可以加速生产要素向新增产业转移,对于供给结构升级是效率最高的模式,属于政策大力鼓励的处置方式。然而在具体实践中推进并不顺利。主要在于兼并主体的意愿不强、动力不足。一方面,“僵尸企业”本身的资产状况较差,对兼并主体而言,很难获得有价值的新资产,理性的投资人往往会望而却步;另一方面,“僵尸企业”的企业文化难以短期内与兼并主体的企业文化融合,增加了管理难度,也使兼并主体担忧未来的经营管理情况。

2. 债务重组

债务重组是指债权人按照其与债务人达成的协议或法院的裁决同意债务人修改债务条件的事项,也就是说,只要修改了原定债务偿还条件的,即债务重组时确定的债务偿还条件不同于原协议的,都可叫作债务重组。债务重组并非严格意义上的法定概念,而是一种约定俗成的统称。债务重组通常是在债务人面临重大财务危机、陷入生存困难、不能清偿到期债务或者明显缺乏清偿能力等情况下适用,但具体程序并无法定,是各相关方自行谈判的结果。具体债务重组方式包括:以低于债务账面价值的现金清偿债务;以资产清偿方式进行的重组;以债权转股权方式的重组;以修改债务条件方式进行的重组。此外,从债权人角度看,债务重组本质上就是要盘活不良资产,自身也可以采取批量转让不良资产①、减免核销等多种手段,对应到债务人来说就是一种债务重组。

债务重组本质上是债权人及相关方主动承担一部分责任,最大限度地减少可能遭到的损失。债务重组体现为双方当事人之间的谈判与协议的过程,法律干预程度较低,与破产程序的"法定准则"及"司法主导"两大特征形成鲜明对比。然而,问题在于,因为是基于各方自愿协商,也就不存在司法保护的情形,在重组过程中无法有效阻止司法冻结和法院执行。这就可能带来债务人特别是"僵尸企业"借此逃废债务等问题,最终使债务重组失败。

3. 破产清算

破产清算是指企业法人不能清偿到期债务,并且资产不足以清偿全部债务或者明显缺乏清偿能力的,依照破产法按程序

---

① 不得进行批量转让的资产包括:债务人或担保人为国家机关的资产;经国务院批准列入全国企业政策性关闭破产计划的资产;国防军工等涉及国家安全和敏感信息的资产;个人贷款(包括向个人发放的购房贷款、购车贷款、教育助学贷款、信用卡透支、其他消费贷款等以个人为借款主体的各类贷款);在借款合同或担保合同中有限制转让条款的资产;国家法律法规限制转让的其他资产。

实施破产清算,由法院强制执行,其全部财产,按照偿还顺序,公平清偿全体债权人。破产清算在现代市场经济中非常常见,是市场机制优胜劣汰的正常反应,主要适用于那些非持续经营,或没有市场、缺乏竞争力、抵御风险能力差、长期亏损的企业。

采取破产清算的债务处置方式在实际运用中存在一些问题。一是破产清算将企业员工抛向市场,易带来社会稳定问题。尽管我国《企业破产法》第六条规定,"人民法院审理破产案件,应当依法保障企业职工的合法权益,依法追究破产企业经营管理人员的法律责任。"但破产本身对于破产企业员工安置问题所涉不多,如果大量"僵尸企业"采用破产清算方式,虽然市场出清程度会比较高,但因员工安置问题带来的社会代价也较大。二是债权利益确认受损,可能带来国有资产流失等相关问题。破产清算一般是资不抵债,债权人将因此确认部分甚至全部损失。当前"僵尸企业"有不少是国有企业,债权人也多为国有商业银行,实施破产清算可能会带来国有资产流失的问题,对银行坏账率也带来较大压力。三是目前破产清算司法程序较长,法院在审理企业破产案件时,从受理立案,到成立清算组,到债权分配执行,通常需要一两年时间,这是一个周期较长的过程。如此长周期的程序显然难以完成我国当前去产能任务,也不利于市场快速出清到位。中央要求处置"僵尸企业"要"少破产清算",也是基于对上述问题的考虑。

4. 破产重整

破产重整是企业破产法的一项制度,是指不对破产企业立即进行清算,在法院主持下由债务人与债权人达成协议,制定重整计划,规定在一定期限内,债务人按一定方式全部或部分偿清债务,同时债务人可以继续经营其业务。主要针对可能或已经具备破产条件但又有维持价值和再生希望的企业。具体处置方式包括延期还债、债务削减、向特定对象定向发行新股或公司债券、转让资产、债权转为股权等。

　　破产重整制度作为公司破产制度的重要组成部分,已为多数市场经济国家采用,对于弥补破产和解、破产清算制度的不足,防范大公司破产带来的社会问题,具有不可替代的作用。在当前去杠杆去产能过程中,对于那些工艺性技术较为先进、市场前景较好,但目前资不抵债的困难企业,可通过依法破产重整,全面清理企业资产、债务、人员,积极引入战略投资者,合理调整股权结构,以期摆脱财务困境,重获经营能力。

　　在实际运作中,部分企业重整动机不强而借破产重整让债权人承担有失公平的风险。重整程序启动意味着有担保物权的债权人在内的所有债权人诉讼和要求都将被自动冻结,而债务人企业的管理层也可能被选为重整人,继续控制企业,继续经营,如他们并不想挽救该企业,则可能会趁机剥离优良资产转移到法律上没有关系的暗公司,或者以获得重整资金的名义低价转让给关联企业,如果对重整计划执行的监督不力,对重整债权人的实体权利和程序权利保护不到位,重整程序就很可能成为债务人企业逃避债务,拖欠债务的法律工具。而且目前在部分项目债务处置过程中,破产重整程序运行不规范,未能充分引进社会投资人发掘和提升资产重组价值,名为重整,实际最终成为清算,债权人实际上承担了重整企业逃废债务或者重整失败的风险负担,这对债权人有失公平。同时,地方政府为防止企业破产带来大量失业等问题,有较大动机鼓励企业进行破产重整,即使那些没有重生希望的企业。这就带来较大的道德风险,增大了债权人的损失可能。

5. 破产和解

和解是指在人民法院受理破产案件后,在破产程序终结前,债务人与债权人之间就延期偿还和减免债务问题达成协议,中止破产程序的一种方法。这是企业破产法规定的一种法律制度,也是债务处置的一种常见方式。依照和解程序,通过当事人协商,达成关于债务延缓、债务削减以及其他清偿方式的妥协,可能使债务人免于破产倒闭的结局。采用这种处置方式不仅有利于化解矛盾、维护社会和谐稳定,而且可以缩短处置周期、加快投资资金的回收进度。

和解的基本目标是预防破产(避免破产宣告或破产清偿),克服破产制度无法免除的缺陷,将清偿债务与债权妥协相结合,将保护债权人与维持债务人资产利益相结合,实现债权利益的最大化。作为温和的偿债方式,和解制度提供了一种通过债权妥协的程序机制,给债务人创造了复苏的机会和条件,有可能运用债务人的有限财产最大限度地清偿债务,减少社会资源的损失与浪费。从债务处置看,债务延缓、削减及其他方式处置可能使债务存续,也可能让债务就此消亡,取决于相关利益人的和解协议。然而,在现实运作中,和解是以债权人的自愿忍让为条件的,如果和解方案不能给债权人带来比清算分配更大的好处,债权人不会作出自愿忍让。这种好处不仅是指超过清算分配的债务清偿额,还应当足以抵消债权人因延迟清偿及其他协议方式而承担的风险和损失。在"僵尸企业"的债务处置中,债权人可能会对债务人的未来偿付能力缺乏信心,和解方案可能较难达成。同时,"僵尸企业"以及地方政府可能具有较大动力去"恶意和解",延缓债务清偿,给债权人带来较大损失。

6. 债转股

债转股,顾名思义是将债权转化为股权,使得企业的债务减少,注册资本增加,原债权人不再对企业享有债权,而是成为企业的股东,原来的还本付息就转变为按股分红,并且通过行使股东权利,介入企业经营管理活动。这种处置显然是对原有债权债务关系的终结,转为股东关系。

债转股的实际适用范围是那些发展前景好、产业方向好、信用状况好,只是出现暂时困难的企业。重点鼓励对象包括因行业周期性波动导致困难但仍有望逆转的企业;因高负债而财务负担过重的成长型企业,特别是战略性新兴产业领域的成长型企业;高负债居于产能过剩行业前列的关键性企业以及关系国家安全的战略性企业。而已失去生存发展前景扭亏无望的"僵尸企业"、有恶意逃废债行为的企业、债权债务关系复杂且不明晰的企业、有可能助长过剩产能扩张和增加库存的企业将严禁实施债转股。因而,原则上讲,"僵尸企业"的债务处置基本无法采用债转股方式。不过考虑到不少"僵尸企业"背后都有母集团公司,也就可以从母集团公司角度对该"僵尸企业"采取债转股方式对债务进行处置。具体操作依然依照市场化、法治化原则进行。通过债转股能够有效降低银行不良贷款率,同时帮助企业去杠杆,减轻经营压力。

尽管本轮债转股坚持市场化法治化原则,但仍可能会带来一些问题。比如,考虑到维持自身发展、维护经济增长、就业和社会稳定等因素,“僵尸企业”和地方政府都有强烈的“过度”推行债转股的动机,企业可能会通过美化报表来争取债转股机会,或是通过其他途径确保自己能够债转股时通过丑化报表来逃债,这种情况在我国的体制环境下是很有可能发生的,道德风险仍存。再如,本轮债转股并不像上轮那样对银行进行不良资产剥离,银行通过成立机构对债务企业实施债转股后,需深度介入企业经营管理活动。一方面,银行因债权终止,当期利息收入减少,影响当期净利润、所有者权益及总资产;另一方面,和债权相比,股权资产400%的风险权重会对资本充足率带来影响。

7. 不良资产证券化

从内涵上看,不良资产证券化就是资产拥有者将一部分流动性较差的资产经过一定的组合,使这组资产具有比较稳定的现金流,再经过提高信用,从而转换为在金融市场上流动的证券的一项技术和过程。在我国去产能过程中“僵尸企业”形成的债务通常也构成了商业银行的不良资产,因而“僵尸企业”的债务处置方式也包括不良资产证券化方式。

从可行性上看,资产证券化的基础资产是一个资产池,即由一组资产汇集而成的资产集合体。虽然单笔资产的质量是整个资产池质量的基础,但是通过采取信用增级的手段,可以使整个资产池的信用级别高于单个资产的简单平均。与一般的信贷证券化产品相比,不良资产证券化产品通常折扣率较低,仅分为优先档和劣后档,且劣后档占比较高,信息披露要求较高,且通常会对底层资产设置较高担保,为后期通过资产处置回收本金提供了较好的基础。因而,采取证券化方式处置不良资产是不少商业银行的重要选择。

然而,在具体执行过程中,不良资产支持证券的现金流主要依赖于不良贷款处置带来的回收款,而我国在"僵尸企业"处置中回收概率可能不高。一是当前经济仍处于下行期,不良资产发生面较大,回收难度加大;二是我国"僵尸企业"集中在钢铁、煤炭、煤电等若干过剩行业,集中度较高容易拉低回收概率;三是司法环境及拍卖市场不够成熟完善也影响抵质押物的及时处置。因而,将资产证券化作为"僵尸企业"债务处置方式时,债权人应慎重考虑这些因素。

四、产能过剩行业企业债务
处置的国内外经验

对于产能过剩行业企业的债务处置,韩国、日本、美国、英国等发达国家采取了一些适合本国国情的有效做法。比如,韩国成功建立了基于"伦敦模式"的庭外重组机制,政府推动金融机构与债务企业自愿达成重整协议,该机制有效地协调了债权人分歧,在债务快速处置上取得了显著成效;日本政府在 20 世纪 70—80 年代通过《特安法》,快速化解过剩产能,促进产业结构升级,积极协助企业处置废弃设备,按照不同的产能过剩原因和行业特点,确定了差异化补偿方式、补偿主体和补偿标准,最终建立起一套独具特色的废弃设备补偿制度;以美国、英国为代表的绝大多数欧美国家,充分尊重当事人的意思自治,在平等自愿的基础上建立了庭外债务重组机制。借鉴国际经验,国内也开展了债务重组的探索,中钢、东北特钢等成功完成了此轮去杠杆下央企破产重组,为其他国有企业解决债务问题提供了重要借鉴。国内外债务处置实践做法为我国处置"僵尸企业"债务提供了宝贵的经验借鉴。

(一)充分发挥政府在组织协调和推进债务重组中的作用

从国际经验看,在市场经济条件下大规模集中债务重组离不开政府的组织协调和推进,从国家层面系统性构建政府、银行、企业三方通力合作的债务处置机制。政府应在杠杆率水平、重组流程步骤以及时间进度安排等关键要素上对银行和企业提出明确要求,在大型国有企业重组中发挥监督作用,在中小企业重组中发挥引导作用,在小微困难企业重组中发挥融资支持作用。根据企业不同情况实行差别化的债务处置。对具备自我重组能力的企业实施自我主导式重组。政府主要是设置适度的资产负债目标和实现目标的限期,企业自行制订重整方案并自我实施,通过降低债务和增加资本,如企业所有者注入新资金、在国内和国外市场募集资本以及资产出售等,在规定期限内将资产负债率降至一定比例之下。积极稳妥降低企业杠杆率部级联席会议,可以负责企业重整方案的评估和监督落实。对缺乏自我重整能力的企业,政府应在重组中发挥引导作用。政府可协助建立债委会,并组织协调债委会成员间、债权人与债务人之间、新投资者和原股东债权人与职工之间的多组关系,求得多方利益的均衡,推动形成对企业长远发展最为有利、债权人利益得到最大保护的重组方案,并监督方案的落实。

(二)建立有约束力的庭外重组决策与执行机制

从国际经验看,建立强化的庭外重组机制是一个大的趋势,即通过搭建结构化的实施原则、提出监管性指引,要求全部债权人签署重组协议和仲裁条款,建立激励和抑制机制,提高债权人和债务人的参与积极性等方式,确保重组过程顺利达成一致。庭外重组机制可以债权人委员会为基础,研究制定《法庭外债务重组指引》,赋予债权人委员会相应决策权并明确决策规则,负责监督企业重组的具体事务,仲裁和协调各方分歧。在重组方案中对企业适度资产负债率目标水平、重组流程步骤、资产负债重组具体方式等关键要素上对重组参与方提出明确要求,在必要的情况下对重组方案进行修订。仲裁和协调各方分歧,评估企业通过重组正常经营的可能性。重组方案及其他重大事项通过依照多数制表决(如超过75%的债权人),无须取得全部债权人同意。重组方案对所有债权人均具有强制约束力。庭外重组关键环节设置时间节点,参与重组各方须严格遵守时间表推进重组工作。企业和股东、潜在投资者、债权人须明确各方职责,企业需要提供充分准确的经营信息、财务信息;债权人对企业经营问题开展分析,与企业管理层共同参与决策,确立企业核心业务,清理非核心资产,重新制定企业长期经营计划和财务规划。在启动庭外重组程序后即进入"暂停期"(如3个月),暂停债权人一切执行行动,并在此期间开展尽职调查,允许企业在监督核算下继续经营。对未能在规定期限实现庭外重组的企业,依法转入破产重整司法程序。庭外债务重组以债务调整和资产重构为核心。重组方案对债权人、债务人权利义务均予以重新安排,由一系列交易构成,涉及多个交易关系,包括债权人同意延期清偿债务、减免债务数额,债务人同意业务置换变更、企业资产出售重组等。债务调整重点集中在企业的存量债务,综合使用债务减免、偿还延期、债务转让、债权转让、债转股等多种手段。资产重构重点在企业的存量资产,力求通过盘活企业有效资产,使企业走向复兴,运用资本注入、兼并重组、限制担保等多种措施。

(三)多渠道多种方式补偿去产能企业的资产损失

为避免过快处置过剩产能对企业经营造成较大冲击,同时激发企业自愿淘汰落后产能的积极性,政府应协助企业开展废弃设备处置,共同承担设备处置损失。对此,政府部门可根据市场价格和设备老化程度制定废弃设备补偿标准,向削减过剩产能的企业给予一定补偿金,并通过成立专项基金、财政补贴、优惠贷款、税收减免等方式向企业提供直接或间接援助。此外,还应建立事后评估机制,对已实施的补偿方案进行事后评估,及时总结经验,提高政府补偿资金的利用效率。政府还可组织通过企业互济方式向去产能企业提供补偿,按照"谁受益谁承担"的原则,建立去产能行业内部的企业收益损失分担机制,要求留在市场的受益企业向退出市场的损失企业提供补偿,可从继续经营的企业销售收入中提取一定比例,经由指定银行专户建账,作为退出企业的补偿基金。日本通过《特安法》下的废弃设备补偿制度,最终达到了化解过剩产能和促进产业结构升级的双重目标,对当前我国化解过剩产能具有重要的政策借鉴意义。

(四)淘汰落后产能与升级新产能相结合

淘汰落后产能和升级先进新产能相结合,有利于在循序渐进化解过剩产能的同时实现企业设备优化,促进产能过剩行业向先进技术、高附加值产品方向转型,达到长期提升企业竞争力,促进产业升级的政策效果。对此,应结合不同行业特点和产能过剩原因,细化完善对过剩行业企业的产能置换方案,坚持对过剩行业实施等量或减量置换,对新(改、扩)建项目应同时淘汰等于或大于该项目产能数量的落后或过剩产能,同时对新增设备的技术和资金严格把关。

(五)坚持以市场化、法治化为原则实施企业破产重整

中钢、东北特钢债权人委员会按照国发〔2016〕54号文《关于积极稳妥降低企业杠杆率的意见》的精神,推出的重整方案安排既有效降低企业杠杆率,为其减轻负担轻装前行,同时推动企业自我加压、深化企业内部改革,形成运行高效灵活的经营机制,有利于持续深化和推动国有企业改革。在实施破产重整过程中,中钢、东北特钢始终坚持市场化、法治化原则,打破债券刚性

兑付的市场预期,平等保护各类普通债权人的权益;实事求是保
障投资人权益,严格按照破产法律规则制订重整计划;按照当事
人意思自治原则进行重大事项决策,其中在保障债权人充分参
与、充分知情方面的安排在司法实践中还属于首创。这些经验为
未来我国解决更多国有企业不良资产和债务的重组提供了借鉴。

五、加快推动债务处置存在的难题和障碍

2016 年以来,我国采取了许多政策措施推动"僵尸企业"债
务处置工作,但由于政府、金融及企业层面存在很多难题,债务
处置进展相对缓慢。

(一)政府层面:未能提供明确的政策和完善的机制

当前"僵尸企业"债务处置工作政策法规不健全、不明晰,
庭内破产、庭外重组机制不完善,尚未形成有效的债务处置方
式,无法有效促进"僵尸企业"债务处置,导致企业存在观望情
绪,这种观望情绪不仅仅体现在"僵尸企业",也包括债务处置
相关的地方政策和金融机构,同样在等待国家相关政策及实施
细则出台。

1.债务处置相关配套政策不明确,影响利益相关方债务处
置积极性

目前国家关于"僵尸企业"债务处置没有明确的政策,缺乏
操作细则和相关配套措施,影响了利益相关方加快处置债务的

积极性。

一是税收政策不明确,影响债务处置的积极性。涉事企业在一定期限内欠缴的税金、以处置不动产方式进行的债务处置,均未明确税收优惠政策,导致企业对债务处置无积极性,相关企业债务处置的金融机构税收优惠方面尚未出台有利政策,致使相关金融机构无论从自身利益,还是从经营风险方面都不愿过早涉足企业债务处置的重组,而仅仅是通过倒贷、续贷、继续收息等方式延续相关债务。

二是资产处置与变现困难,物权制度难以落实。当前,政府在债务处置中缺乏支持土地、厂房等资产变现的政策,资产处置难以展开。虽然有的"僵尸企业"经营困难,但是他们大多拥有土地、厂房、固定资产生产设备等相关资产,可是现有的政策无法支持"僵尸企业"对这些资产进行有效的变现、处置。实际上,"僵尸企业"这些资产并不是全无用处,如果能利用类似产权交易平台等方式有效地将它们利用起来,则可以在很大程度上减轻企业债务压力,加快债务处置工作进程。此外,地方政府在物权制度的落实上政策不一,存在对"僵尸企业"债务处置不作为的情况。比如,有的地方第三方抵押操作无法办理,还有的地方无法办理采矿权二次抵押,一些地方煤矿采矿权抵押需要企业缴清相应的资源价款,这些不统一的地方规定导致以授信重整为抓手的债务处置困难重重。

2. 相关的破产法律法规不健全,使得"僵尸企业"退出渠道不畅

我国相关的破产法律法规不健全,不能够有效地让无市场

前景无清偿能力的"僵尸企业"迅速地从市场中退出。从司法实践的角度看,当前国有"僵尸企业"处置存在受理难、协调难和审理难。一是企业破产申请要得到法院的受理难。目前,我国执行破产程序复杂、时间漫长,并不适合法院自身的考核制度,办案人员也不愿意接收企业破产,特别是国有企业破产案件。二是破产程序启动后,对各方利益的协调困难。企业破产涉及职工安置、土地厂房设备的处置、利益关系人利益协调等,国有企业的顺利破产还需得到国有资产监督管理委员会和相关政府部门的支持。国有企业管理人员行政色彩浓厚,多听命于上级主管部门或其他行政单位,无法真正保持中立,影响利益协调的公正性。三是现行金融税收等立法、执法体制与企业破产法不协调,造成企业破产案件审理难。如,根据企业破产法,税收的债权一般应在破产财产处置时给予优先办理,但实际情况是税务、电力部门往往提前采取强制性措施,征收欠缴的税款和电费,这就降低了破产财产的实际清偿率,增加了法院破产审理和资产重整重组的困难。四是司法执行难。执行工作中不同程度地存在被执行人难找、被执行人财产难寻、协助执行人难求、应执行财产难动的困扰,诉讼清收难度较大,执行效果差。

3. 未能建立有效的平等协商谈判和分享分担机制,阻碍了债务处置工作进展

有效的债务处置方式包含两种机制,即平等协商谈判机制和分享分担机制,我国由于缺乏庭外重组机制和"僵尸企业"产生的政策性、市场性原因的界定机制,使得平等协商谈判和分享分担机制不能有效发挥作用。

一是缺乏庭外重组机制。目前,我国企业普遍存在"一企多债"现象,一个企业的债权银行动辄十几家甚至多达几十家,根据市场化法治化原则,包括"僵尸企业"在内的企业债务处置主要由相关市场主体自主协商自主决策。但由于我国庭外重组尚缺乏程序化、制度化的决策与执行机制,债委会作用不能有效发挥。当前债务处置工作经常面临多债权人格局下谈判机制松散、决策效率低下的问题,在利益诉求不一致时,只要存在少数债权人反对,债务重组方案就难以最终通过。异议债权人"少数钳制多数"的问题严重阻碍债务处置工作进展。

二是政策性原因造成的"僵尸企业"成本分担机制尚不明确。"僵尸企业"形成有企业自身和市场因素,但是很多企业普遍认为企业困境很大程度上是由于前期刺激政策、去产能等政策导致的,需要有国家统一政策进行处置,这在涉及非国有股东时更是如此。企业的关停,是市场化经营的主动出清还是政策被动关停,现实中难以分辨,相应地债务是否涉及去产能政策也难以准确划分、厘清边界。政策性原因和市场、企业自身原因产生的"僵尸企业"债务处置方式应有何不同,政策性因素和市场性因素的界限如何区分,如何分担成本,如何保障企业、银行的合法权益,均没有一个明确的政策界定,影响了"僵尸企业"债务处置工作进程。

(二)金融层面:缺乏灵活的简便的自主的金融政策权限

金融债务是"僵尸企业"债务的主体,由于缺乏相关配套的金融政策,金融企业在执行债务核销减免政策过程中有难度,权利无法充分保障。

一是在贷款授权方式上有较大限制。根据有关规定,未设股东会的金融企业,贷款减免权利由出资代表人享有或由出资代表授权金融企业享有。有的金融机构,例如政策性银行国家开发银行没有设立股东会,出资人为政府部门,按照规定执行就变成政府直接授权减免债务;而且,金融机构作为直接的经营管理者对企业情况相对了解,而出资人或出资代表对情况不熟悉,很难作出适合的决策。因此,该项规定在实际执行过程中很难落地。

二是金融企业自主减免权限较低。国有独资及国有控股的商业性金融机构单家减免单户贷款本金及利息之和在5亿元以下的可自主减免,5亿元以上的需要提交财政部商有关部门审核,报国务院批准后实施;政策性银行减免表外应收利息可自主减免,减免本金与表内应收利息需提交财政部商有关部门审核,报国务院批准实施。实施贷款减免的对象是发生财务困难、无力及时偿还贷款本息的借款人,对金融机构来说是为了不良贷款,最大限度回收债权,按照减免额度设置减免权限不利于金融机构展开相关业务。

三是履行贷款减免程序复杂。履行贷款减免的必要程序包括"证明通过司法手段回收的债权明显少于贷款减免的回收债权","证明处置抵押物回收的金额少于贷款减免的回收债权","证明实施贷款减免由于其他债券回收方式、并可实现债权回收价值最大化"以及"由金融企业的资产保全、风险管理、法律合规、预算财务等部分分别进行评估并提出意见,确认贷款减免优于其他债权回收方式",而在实际操作中,不良债权的回收存在很多不确定因素,定量论证贷款减免回收债权的最优性难度极大。

四是责任认定及追究不利于贷款减免进行。财政部《关于加快金融企业不良资产处置有关问题的通知》规定,对确系主观原因形成损失的,应在贷款减免实施前完成责任认定和对责任人的追究。该要求不利于贷款减免工作的推进,使有前景的企业无法盘活,金融机构失去最大限度回收债权的良机。另外,不良贷款不得实施减免的条件中有借款人通过各种方式转移资产、逃废债的,以及银行存在贷后管理不善责任的情形,由于相关的程序和标准还不明晰,实践中不好把握实施。

五是现行减免政策也未区分贷款本金减免与欠息减免的标准及条件,致使实际工作中进行此类企业债务减免较为困难。考虑到减免金额确定难度较大、容易被其他债务企业恶意仿效形成逃废债、对当地金融生态可能产生不良影响等多种因素,对减免债务本金的做法还较为谨慎,多数都采取减免部分欠息,即还款免息方式操作。在债务核销方面,也存在"应核未能尽核"的问题。

(三)企业层面:客观问题与主观消极作为交织在一起

许多"僵尸企业"社会职能尚未剥离,债权债务关系不清晰,故意逃废债行为呈现增多趋势,不利于债务处置顺利进行。

一是企业办社会职能尚未完全剥离。很多"僵尸企业"承担了相当一部分的社会责任,增加了债务处置工作难度。部分老国企未充分转制,历史包袱沉重,包括:退休人员管理和社会管理,内退人员工资和社会保障、幼儿园教育、职工生活区"三供一业"等。虽然相关政策已对企业移交"三供一业"等作出了安排,但由于去产能企业所在地区多属于财政困难地区,地方财政往往无力承接,存在拖延承接或者表面承接实际仍由企业承担运行费用的现象。企业虽然已经破产清算,但还需要支付承担相关社会职能的费用,这给债务处置增加了相当难度。

二是债权债务关系不明确。在集团统贷统还的情况下,下属企业的资金占用较难一一对应到集团内部的外部债权人,很难实现"僵尸企业"企业债权债务关系的一一对应。目前,部分企业主要根据涉事企业资产在集团公司中的比重作为计算依据,相应计算对应的债务,但从金融企业角度看,这种债务分割方法并不具有法律效力,也不能据此确定金融企业对"僵尸企业"的债权。

三是企业故意逃废债现象增多。2016 年以来,部分国有企业已陆续出现债务违约,除去银行处于风险防控考虑,收缩信贷投放,导致企业资金链断裂的原因外,更多的是一些企业以债务重组为由逃废银行债务,个别企业有预谋转移资产和股权、故意逾期等行为,担保企业也消极履行代偿责任。目前,部分地区出现通过破产重整、法院强裁等手段逃废债务的情况越加明显,且呈现出向全国蔓延趋势。例如,江西赛维通过地方司法途径强裁,大幅削减银行债务事件已形成负面示范效应。同时,中部、

环渤海、东北部分区域信用风险上升,在处置担保圈等风险时,
出现了企业逃废银行债务的倾向。

六、加快推动债务处置的指导原则、工作思路及政策建议

"僵尸企业"债务处置要以市场化、法治化方式,通过推进
兼并重组和破产清算相结合的方式,加快促进"僵尸企业"出
清,助推供给侧结构性改革,助推国有企业改革深化,助推经济
转型升级和优化布局,提高资源配置效率和经济运行效率,为经
济长期持续健康发展夯实基础。

(一)推动债务处置的指导原则

1.坚持市场主导、政府引导原则

"僵尸企业"债务处置要充分发挥市场在资源配置中的决
定性作用,更好发挥政府引导作用。债权人、债务人以及其他相
关市场主体,依据市场化法治化原则开展"僵尸企业"债务处
置,自主协商确定"僵尸企业"债务处置的具体方式、各类交易
价格并自担风险、自享收益。政府要完善破产法、债务重组、企
业工商注销登记等制度和规则,为市场化法治化债务处置创造
良好的制度环境;同时要加强组织、引导和协调工作,推动金融
机构和企业积极开展债务处置,对符合国家有关政策的"僵尸
企业"债务处置给予适当政策支持。

2. 坚持依法依规、稳妥有序

政府与市场主体都要依法依规行事。充分尊重债权债务关系,对具备清偿能力的债务要在依法合规的范围内积极追索,切实防止逃废债等道德风险;对不具备清偿能力的债务要严格按照企业破产、重组等法律法规,开展债务重组、破产清算或破产重整,有效切断担保链、债务链传染;要注重依法保护债权人、投资者和企业职工合法权益。要综合运用多种债务处置工具措施,与企业改组改制再造、化解过剩产能、促进产业转型升级等工作有机结合,稳步推开、协同推进,注意防范和化解各类风险。

3. 坚持公平公正、分类施策

"僵尸企业"债务处置要区别不同情况分类施策。要根据债务形成过程中不同主体的不同责任,落实尽职免责,公平分担损失。要区分债务形成原因,对因政策形成债务的给予适当政策支持,对存在违法违规因素的债务损失严肃追责。

(二)推动债务处置需处理好四大关系

"僵尸企业"债务处置是一项系统性工作,既要注重市场对资源配置的决定性作用,也要注重更好发挥政府作用;既要注重提高经济效率,也要注重提高资源配置的公平;既要充分考虑国有性质"僵尸企业"的特性,也要充分考虑非国有性质"僵尸企业"的特征;既要注重使用兼并重组的方式,也要注重使用破产清算方式。在坚持三个指导原则的前提下,推动债务处置工作需要处理好四大关系。

1. 处理好市场与政府的关系

党的十八届三中全会指出,要充分发挥市场在资源配置中的决定性作用,更好发挥政府引导作用。在"僵尸企业"债务处置过程中,市场作用与政府作用相辅相成,政府引导,市场主导,政府不该管的不管,该少管的少管,让市场充分发挥作用;同时,政府该管的要管住,该支持的要有力度,有效弥补市场失灵。债权人、债务人、企业职工、其他重组参与方等各市场主体根据自身实际需求开展或参与"僵尸企业"债务处置,自主协商确定"僵尸企业"债务处置的具体方式、各类交易的价格与条件并自担风险、自享收益,切实防止应由市场主体承担的责任不合理地转嫁给政府。一方面政府要完善银行债务核销减免、简化企业工商注销登记、完善国有资产交易机制等制度规则,为市场化法治化债务处置创造良好的政策环境,打破制度藩篱,更好发挥市场这只看不见的手对资源配置的决定性作用,提高资源配置效率。另一方面也要加强组织、引导和协调工作,对符合国家有关政策的"僵尸企业"债务处置,从财税、监管政策上提供支持,为"僵尸企业"债务处置提供药引子和催化剂,适当降低相关参与主体的风险和成本,增加对职工债务处置和职工安置的支持力度,有效维护社会稳定,弥补市场失灵;政府也要依法依规对市场主体的行为进行监管,通过信用体系建设有效约束市场主体的行为,尤其要注重打击恶意逃废债,确保"僵尸企业"债务处置在法治化的轨道上平稳有效推进。

2. 处理好效率与公平的关系

效率与公平的平衡是所有拟出台政策都须考虑的核心问

题。在"僵尸企业"债务处置过程中,既要从工作方式上考虑效率与公平,也要从处置结果上重视效率与公平。从处置方式上看,如果强调效率,则出台一刀切式地政策,如类似于 20 世纪 90 年代末的债转股,圈定企业名单后,强制银行对这些企业的债券转移至国有金融资产管理公司,由财政资金对资产转移统一支付对价,这种工作方式会在短时间内解决"僵尸企业"债务处置问题,但会不可避免地造成部分应该破产清算的企业得到救助,部分拥有有效资产且在政府支持下能通过兼并重组获得新生的企业被破产清算,有碍公平。因此,要充分考虑到"僵尸企业"处置工作的效率与工作结果公平的平衡,政策既要考虑到效率,也要充分赋予市场主体协商谈判的时间和空间,有效实现"僵尸企业"债务处置的优胜劣汰。从处置结果上看,如果过度强调效率,作为破产企业或被重组企业,为最大可能降低成本提高收益,会清退部分甚至大部分原有职工,导致大量原有职工在劳动力市场中"另谋出路"。考虑到"僵尸企业"的形成多有体制性因素的存在,在很多国有老企业,很多职工甚至"将青春献给了企业发展",纯粹按照市场化原则处置职工债务和安置职工显然有失公平。因此,要充分考虑到处置结果的效率与公平,政策既要使得重组后的企业更有效率地运营,也要充分考虑到职工债务处置和职工安置的公平性。

3. 要处理好国企与民企的关系

"僵尸企业"既有国企也有民企,以国企为主。推动"僵尸企业"债务处置的政策措施既要依照法律法规,一视同仁地支持各类金融机构等市场主体参与处置国有和民营性质"僵尸企业"债务,也要认识到国有企业出资人和股东为国家的特殊性,在不违反公平竞争的前提下,从股东对企业债务负责和对企业职工负责的角度作出一些安排,从促进国有企业混合所有制改革的角度作出一些倾向性设计。例如,国有企业集团的子公司为"僵尸企业"情形,可考虑多方面补充国有企业母公司的资本金,降低企业资产负债率。

4.要处理好兼并重组与破产清算的关系

中央经济工作会议明确提出,"僵尸企业"处置要多兼并重组,少破产清算。多数企业成为"僵尸企业"的原因为经营不善、制度性负担过重且政府和银行出于维稳和避免损失暴露等考虑,各市场主体通过市场化方式出清"僵尸企业"的动机不强。部分企业的技术设备并不落后,但企业利润往往为负,只要创造良好政策环境支持市场主体对"僵尸企业"实施市场化兼并重组(尤其是通过破产重整实现债务重组和业务重组),对企业资产和负债进行市场化定价,进而改革经营体制,改善经营管理,完善治理结构,有效处置债务和裁减冗员,"僵尸企业"的资产仍可充分盘活,技术设备人才仍可有效保留,相关各方仍可能取得相对多赢的结果。也有很多"僵尸企业"是长期亏损、扭亏无望且已丧失有效资产,环保、技术、设备均已落后或不达标,应创造条件对这类企业破产清算,依法定程序处置债权债务关系明确的债务。

(三)推动债务处置的工作思路

为破解我国去产能企业债务处置中面临的责任不清、债权债务关系不清和银行企业处置积极性不高等障碍,应以恢复资产负债表健康为核心开展债务处置,对去产能企业的资产损失,政府组织给予适当补偿,以彰显公平性,在此基础之上以达到合理资产负债水平为目标开展市场化法治化债务重组,对不能按期达到目标同时又不能偿付到期债务的企业,禁止以任何方式滚转债务而进入司法破产重整程序,以倒逼企业和银行积极主动开展债务处置,防止债务越滚越大不断累积风险。

1. 整体出清"僵尸企业"债务处置的思路

一是推动无营业价值、无清偿能力的"僵尸企业"破产清算。对工艺落后、长期亏损且扭亏无望、通过其他方式不足以摆脱困境、破产清算的"僵尸企业",要根据企业破产相关法律规定实施破产清算。鼓励债权人依法及时提起破产清算申请。破产清算企业应优先清偿职工税款和税务欠款。

二是支持有部分营业价值但无清偿能力的"僵尸企业"破产重整与和解。对资不抵债濒临破产、但市场前景较好、有维持价值和再生希望的企业,鼓励债权人、股东依法进行业务重组和债务调整,在重整程序中坚持市场化导向,引导各方充分协商。重整计划要涉及债务重组、营业整合和资产重组,支持债权人加强协商,鼓励通过债转股、债务延缓、债务削减等方式依法进行债务和解,实现企业浴火重生。

三是鼓励有部分营业价值且未出现资不抵债"僵尸企业"兼并重组。对工艺技术较为先进、有部分有效资产,且产业集中度不高、同质化竞争严重的行业内"僵尸企业",鼓励行业内优势企业以承债重组等多种方式开展市场化兼并重组,采取债务重组、业务重组、产权重组等方式,整合盘活企业资产资源,提高产业集中度,提升企业发展质量和效益。

四是对长时间无经营、无人员、无资产的"僵尸企业"尽快进入工商注销程序。

2. 部分出清"僵尸企业"的债务处置

一是鼓励市场化债务重组。企业集团内部部分企业属"僵尸企业"须出清而集团整体仍具备发展前景的,对集团通借通还或担保产生的债务,鼓励与相关债权人自主协商开展市场化债务重组。支持金融机构通过债务减免、调整贷款利率及期限和还款方式、债转股等措施实施债务重组。

二是对涉去产能债务处置给予政策支持。针对合法合规产能退出所平移至集团层面的债务处置,由于政策性因素造成损失导致集团资产负债水平明显超出行业平均水平,导致集团生产经营出现困难,难以按时偿还到期债务的,各级政府或各级国有资产管理部门应通过多种方式补充资本金,增强债务偿付能力。针对违法违规产能退出所平移至集团层面的债务处置,金融机构应按照法律法规和合同约定,积极追偿债务,落实涉及集团层面偿债责任和担保责任,严肃追究向违法违规产能提供信贷支持相关责任人的责任。针对落后退出产能所平移至集团层面的债务处置,要按照违法违规产能退出予以处置。

(四)推动债务处置的政策建议

从上述"僵尸企业"债务处置面临的现实困难出发,实事求是,有的放矢,该完善的政策要完善,该废止的规定要废止,该放宽的限制要放宽,该出台实质性支持激励的政策要抓紧出台。

1. 建立相关机制

(1)建立以债权人为基础的庭外重组决策与执行机制

充分发挥市场作用,以债权人委员会制度为基础,建立有约束力的庭外重组决策与执行机制,负责监督企业重组具体事务,对企业适度资产负债目标水平、重组流程步骤和资产负债与重组具体方式等关键要素上对重组参与方提出明确要求,仲裁和协调各方分歧。庭外重组方案依多数制表决通过,无须取得全部债权人同意,提高重组效率,避免久拖不决。庭外重组关键关节设置时间节点,要求参与重组方严格遵循时间表推进重组工作。注重庭外兼并重组与庭内破产程序的相互衔接,探索适用预重整制度,开展自主重组、协议重组和协议并司法重组。

(2)建立补偿机制

从财政渠道看,可以通过国有资本预算注入资本金、划拨资产、国有股减持、引进新投资者等多种方式对去产能企业的资产损失给予适当补偿。政府还可组织通过优势企业向去产能企业提供补偿,按照"谁受益谁承担"的原则,建立去产能行业内部的企业收益损失分担机制,要求留在市场的受益企业向退出市场的损失企业提供补偿,可从继续经营的企业销售收入中提取一定比例,经由指定银行专户建账,作为退出企业的补偿基金。

(3)建立信用记录和联合惩戒机制

对"僵尸企业"债务处置过程中恶意逃废债、国有资产流失等违法违规行为责任人建立信用记录,纳入全国信用共享平台。

构建失信行为联合惩戒机制,依据相关法律法规严格追究恶意逃废债和国有资产流失等违法违规单位及相关责任人员责任。"僵尸企业"引入战略投资人后,企业可申请在征信系统的大事记信息中添加相关信息,展示信用状况。

2. 完善相关规则

（1）完善国有资产管理规则

一是进一步明确、规范和简化国有资产转让程序。完善"僵尸企业"债务抵押物处置规则。"僵尸企业"退出的划拨土地,政府土地收储机构给予的补偿金应按照土地评估市场价值计算,补偿金主要用于职工安置和债务处置。出台剩余矿产资源处置办法。积极利用产权交易所、租赁、资产证券化等多方式充分盘活"僵尸企业"有效资产,用于清偿债务。

二是切实落实国有企业经营管理人员尽职免责制度。在改革进入深水区时,改革不再是帕累托改进,如需改革取得实质性效果,必然会伴随一定的损失,这是改革的成本。在"僵尸企业"债务处置中,要适当对"僵尸企业"经营管理人员放宽惩戒力度,减轻对其经营管理不当的惩罚,容许"责任人未受惩罚"以改革成本形式存在,激励此类主体支持"僵尸企业"债务处置的动力。

三是落实国有企业的股东责任。对于因去产能导致母公司资产负债率明显高于行业平均水平的情况,各级政府或各级国有资产管理部门应通过资本金注入、国有资产划拨、国有股减让、引进新投资者等多种方式,弥补一定比例的资产损失,降低资产负债率。

（2）放宽银行债务重组与呆坏账减免规则限制

一是进一步明确银行机构下放自主债务减免和核销的权限。在确保国有资产不流失的前提下，适当放宽呆坏账减免和核销的相关条件，并落实尽职免责制度，消除障碍，使有意愿对贷款实施减免核销的银行有能力和有动机实施减免和核销。

二是制订专门钢铁煤炭去产能的贷款减免和坏账核销方案。确定因政策性原因导致去产能且造成损失及资产负债率明显超过行业平均水平的企业名单。相关部门要部署银行和对象企业，研究制定停息挂账、减免利息、延长还款期限、贷款减免等债务重组的细节。财政部和银监会对商业银行业绩考核、资本充足率要求等方面要适当放松监管。初步考虑，对因去产能政策导致的平移至母公司的债务，如果该公司资产负债率明显超过行业平均水平，则对相应债务两年内停息挂账，并减免三分之一的本金。

（3）完善破产清算规则

一是要加强破产法的宣传教育。针对各级党政部门进行关于破产法的宣传教育，提高相关领导对企业破产对市场经济优胜劣汰规则重要作用的认识。重点区分破产重整、破产和解和破产清算对企业、职工、债权人影响的不同，重视破产重整、破产和解对企业诊断治疗的重要作用，主动引导各市场主体通过破产重整和破产和解求得共赢，在有效保护企业优质资产优质产能和债权人利益的同时，帮助企业浴火重生。

二是建立健全政府法院联动机制。政府与法院依法依规加强企业破产工作沟通协调，由当地政府为主导，建立府院破产联动机制,协调解决破产启动过程中可能出现的困难,如职工安置可能引发的社会稳定问题等。

三是地方政府要着力建立破产启动基金。针对破产企业无力支付涉及审计、评估等工作的费用问题,通过对相关第三方中介开展破产、重组相关业务收取一定的费用,建立破产启动基金。

四是增强破产审判力度。加快在全国建立破产审判庭的能力,增加法庭破产审判的能力,积极支持优化法官配备并加强专业培训,强化破产司法能力建设。规范和引导律师事务所、会计师事务所等中介机构依法履职,增强破产清算服务能力。改革法官激励机制,不以审结案件数量作为考核法官业绩的主要因素,综合考虑案件复杂程度、案件性质等因素,建立合理的考核制度。

3. 出台支持政策

（1）金融支持政策

金融机构"僵尸企业"债务处置导致的贷款逾期,在债务处置完成前,可暂不列入不良类并暂按正常类贷款集体拨备。对处置"僵尸企业"债务损失较大的银行,在机构监管指标考核、宏观审慎政策评估、绩效考核时应给予适当考虑。涉及资产证券化、公开市场产权交易等方式盘活"僵尸企业"存量资产偿还债务情形的,相关监管部门应给予适当监管便利。

（2）财税支持政策

"僵尸企业"资产处置价值不足以偿还职工工资、社会保险等费用的情形,各级政府要按照职责安排专项财政资金,对拖欠费用进行清偿,确保职工利益不受到损失。金融机构因合法合规处置"僵尸企业"债务而产生的贷款损失,该笔贷款产生的增值税、所得税应予以免征或返还;因合法合规处置"僵尸企业"导致的金融债务抵质押权处置产生的税费,应免征或返还。对处置"僵尸企业"债务损失较大的银行,财政部门可通过注入资本金、减少国有股分红增加金融机构留利等方式予以适当补偿。

第二部分　专题报告

专题报告一 我国"僵尸企业"标准界定、基本情况及处置建议

一、历次"僵尸企业"产生的时代背景

所谓"僵尸企业",就是指丧失自我发展能力和修复能力,必须依靠非市场因素生存的企业。表现为已停产、半停产、连年亏损、资不抵债,靠政府或银行"输血"才能维持的企业。"僵尸企业"吃的是财政补贴、银行贷款以及其他的实物和人力资源。"僵尸企业"不是一个新现象,在计划经济体制和软预算约束下,缺乏市场自生能力的国有企业依靠政府补贴和银行贷款苟延残喘,"僵尸企业"的存在已经是一个不可避免的现象。从历史来看,我国"僵尸企业"的形成及处置经历了两个阶段,每个阶段形成背景均不一样。

1. 20 世纪 90 年代中后期"僵尸企业"形成的背景和处置方式

20 世纪 90 年代中后期,中国已摆脱短缺经济,市场经济的快速发展和现代企业经营自主权的扩大掀起了一轮新的投资扩能高潮。长期受计划经济思想的束缚,企业普遍对市场增长空

间预期过于乐观,盲目投资、重复建设和资源的严重错配导致以纺织、家电等为代表的制造业出现了严重的产能过剩。国有企业大面积亏损,出现了 1/3 国企明亏和 1/3 国企暗亏,仅有 1/3 的国有企业盈利,多数行业的产能利用率不足 40%。经济体内部出现严重的债务问题,三角债问题严峻、银行坏账率高企,20 世纪 90 年代末期银行不良贷款率高达 30%。财政压力巨大,甚至出现外债风险。同时,也叠加 1997—1998 年亚洲金融危机的外部冲击下有效需求的减少,需求端的压力逐步延伸到供给端,国有企业发展举步维艰,国企"僵尸企业"逐步形成。

面对"僵尸企业"迅速增加,市场效率持续下滑的压力,我国政府从 1998 年起以国企改革为重点,实施了一系列改革和应对举措,有效应对和化解了"僵尸企业"。主要有:第一,实施积极的财政政策和中性偏紧的货币政策。实施以增发国债为主导的积极财政政策,1998 年增发 1000 亿元长期国债并配套 1000 亿元银行贷款用以加强基础建设,积极拉动国内需求;清理整顿乱收费 727 项,为企业和社会减负 370 多亿元;加大对去产能"压锭限产"的资金补贴,对纺织业每压缩落后棉纺 1 万锭给予财政补贴 300 万元的政策;用 3 年左右时间压缩淘汰落后棉纺锭 1000 万锭。1998—1999 年实施中性偏紧的货币政策,停止向困难国有企业的"输血型"支持,倒逼企业去杠杆、去产能和兼并重组。第二,运用行政手段清理过剩产能。强有力的行政化手段成为国有企业改革的"撒手锏"和指挥棒,对终止重复建设,清理过剩产能,推进兼并重组、破产清算、下岗分流等方面的作用较为明显。1996—1998 年国有企业从 11.38 万家下降至

6.5万家;1998—1999年国有企业就业人数下岗分流约2200万人。从1998到2000年末3年间,国有及国有控股大中型企业的亏损面由39.1%下降至20%左右,国有企业亏损数目大幅减少,劳动生产率得到了显著提升。第三,积极实施债转股。及时成立了中国长城资产管理公司、中国信达资产管理公司、中国华融资产管理公司和中国东方资产管理公司四大国有金融资产管理公司剥离银行债务,实现了由债权债务关系向持股分红的股东关系顺利转型,既分摊和弱化了企业的经营风险和债务风险,又有效降低了银行的不良资产率。当时中央财政投入4000亿资金注入四大金融资产管理公司,由其剥离银行不良资产债务,其中1999—2005年间剥离不良资产总额高达2.58万亿元。第四,重点推进纺织行业等企业兼并重组。兼并重组过程遵循了市场机制汰劣促优的竞争法则,通过资产重组、债务重组和市场重组等提升了资源的配置效率和市场的有效竞争性。国企三年脱困改革中兼并破产和减员增效纺织企业537家,实际核销规模126亿元,占全国总规模400亿元的31.5%,国有企业数目减少幅度达到42%。第五,国有企业改革和化解过剩产能同步进行。在改革实践中,1998年政府明确提出了"从战略上调整国有经济布局和改组国有企业""有进有退""抓大放小"等政策主张,通过去产能为国有企业改革减压减负、优化供给端;通过深化国有企业改革为化解过剩产能革除体制机制上的壁垒。从总体效果来看,上述改革取得了很大效果,国有及国有控股大中型企业的亏损面大幅下降,劳动生产率水平出现显著提升,国企的竞争力也显著加强。当然,改革也付出了相当的代价,仅1998

年和 1999 年两年,国企就业人数就下降约 2200 万。在财力紧张、风险巨大的背景下,许多国企职工为改革作出了牺牲。

2. 本轮"僵尸企业"产生的历史背景

受 2008 年全球金融危机的影响,中国和美国、日本、英国、德国等主要发达国家一样,遭遇了经济增速下滑,并且在 2013 年之后出现了明显的持续下滑的趋势。国内经济目前处于增速换挡、结构调整和动力转换"三期叠加"的转折期和低迷期,中国在能源、劳动力、土地等要素价格方面的相对优势正在减弱,环境成本也急剧增加,其他经济体对中国的"进口替代效应"明显加强。受世界经济危机"阴霾"的持续影响,国际市场有效需求增长不足,外需持续疲软已成新的常态。过去我国产能过剩主要出现在某些行业或者局部地区,而且在世界主要经济体仍保持稳定增长时,产能过剩的严峻问题还未凸显出来。但是,目前的产能过剩是近乎全行业的、全局性的,且世界主要经济体都出现了增长下滑。我国目前工业产能利用率降至 74.3%,处于 10 年来历史最低。钢铁、煤炭、水泥、有色、石化等行业是产能过剩的"重灾区"。这些行业的落后企业大多成为"僵尸企业"。

2015 年 11 月 10 日,中共中央总书记、中央财经领导小组组长习近平主持召开中央财经领导小组第十一次会议,专门研究经济结构性改革。习近平强调,在适度扩大总需求的同时,着力加强供给侧结构性改革,着力提高供给体系质量和效率,增强经济持续增长动力,推动我国社会生产力水平实现整体跃升。供给侧结构性改革五大任务之首就是去产能,而去产能的重点就是处置"僵尸企业"。在产能严重过剩的情况下,中央充分认识到本轮"僵尸企业"形成的历史背景与上轮具有明显差异,痛下决心从供给侧角度,淘汰落后产能、处置"僵尸企业",从而实现经济转型升级。

二、"僵尸企业"产生的原因及影响

政府的过度保护、金融机构的无限支持、市场剧烈变化、历史遗留问题以及企业自身因素是"僵尸企业"产生的主要原因。"僵尸企业"长期存在将降低行业资源配置效率,导致经济增速逐渐下降、产能过剩加剧、资金链安全出现隐患。

(一)产生的原因

1. 政府过度保护和刺激使得"僵尸企业"存在

政府的"父爱精神"导致大量长期亏损企业难以正常退出。地方政府存在片面理解和过于强调稳增长、保就业等问题,不断对"僵尸企业""输血",给予资金和政策支持,导致"僵尸企业"僵而不倒。如地方政府出于财政收入的自利性动机,认为大量企业经营困难而申请或退出市场将会造成短期内市场主体的减少,对政府财政收入的稳定与增长产生较大压力,不愿企业退出,持续不断地向亏损企业输血。地方政府认为如果放任"僵尸企业"退出市场,地方政府以前通过追加投资、税收优惠、低价土地等方式给予的前期投入就会打水漂,成为无法回收的沉淀成本,甚至相关责任官员也会被追究责任。有些企业是地方政府的"面子工程""政绩工程",无论企业是否经营良好,政府都为其提供各种补贴、支持。还有地方政府认为本地企业破产有损形象,因而限制债权人起诉,使得企业无法通过破产清算等司法途径退出市场。而且,由于"僵尸企业"的快速退出将造成短期内失业劳动力数量上升,会对社会稳定产生潜在的不利影响,为了保证就业、维护社会稳定,地方政府也会持续对其给予补贴,不允许其退出。

"拉郎配"式兼并重组也易产生"僵尸企业"。有些政府官员出于自身政绩的考虑,会违背企业发展规律,要求企业并购重组,这类行政干预有时甚至是纯粹的"拉郎配"。如政府有时要求国企并购收益较差的企业;或者为了减轻财政负担,要求当地规模较大的民企并购重组效益较差的国企,负责解决和安排职工就业等。"拉郎配"的兼并重组容易造成企业之间"貌合神离",而且有时还会使兼并企业背负大量债务,使得优势企业发展受阻,最终埋下了产生"僵尸企业"的隐患。

政府大规模投资刺激导致了产能过剩,进而催生了一批"僵尸企业"。为了应对国际金融危机给我国经济带来的压力,我国政府推出了投资总量为4万亿元的经济刺激计划。4万亿投资计划对于缓解经济困难发挥了重要作用,但是在局部地区和局部行业引起了过度投资、盲目扩张,埋下了产生"僵尸企业"的隐患。

2. 金融对工业国有企业优先支持

国有企业通常有政府兜底、坏账风险较小,因此银行更倾向于贷款给国有企业;另一方面,政府常常会干预国有银行的信贷决策,为辖区内的国有企业提供优惠贷款。然而,一旦国有企业遇到经营困难,银行也会使用非市场化的思路来解决问题。

"僵尸企业"的快速退出将使得金融机构出现大量不良贷款,通过金融机构的传导机制,"僵尸企业"将诱发金融机构的信贷风险。因此,出于防范系统性经济风险的考虑,政府的货币部门倾向本能地干预正常的信贷市场,帮助那些他们认为可能引起系统性经济风险的重要企业获得信贷支持,使那些资不抵债的企业仍能在市场存活。商业银行的一些基层机构出于对政府的刚性兑付、业绩考核、追责等方面的考虑,往往会继续向已经失去盈利能力的国有企业提供贷款,催生出许多国有"僵尸企业"并维持其运转。另外,现在企业互联互保是一种普遍现象,众多企业都处在连环担保链上。一个企业破产,可能会连累其他企业。由于担心产生系统性风险,银行继续为"僵尸企业"续贷,导致企业僵而不倒。

3. 不佳的市场环境加剧了企业经营困难

2008 年全球金融危机后,世界主要经济体增长放缓、需求减少,使得出口依赖性行业和企业在短时间内受到了巨大的冲击,订单不足、商品滞销、资金周转困难、投资方撤资,再加之企业成本大幅上扬,许多原本发展良好的企业纷纷陷入困境,甚至沦为"僵尸企业"。

专栏 2-1-1 市场环境恶劣催生了"僵尸企业"

近 10 年来,中国经济遭遇了规模较大的外部需求冲击。2008 年全球金融危机后,世界主要经济体增长放缓、需求减少,主要贸易品价格下跌,对中国出口造成巨大的影响。外部需求不足使得出口依赖型行业和企业在短时间内受到了巨大

的冲击,许多原本发展良好的企业纷纷陷入困境,甚至沦为
"僵尸企业"。

为了理解需求冲击对"僵尸企业"的影响,我们考察了出口
依赖度与"僵尸企业"的关系。发现 2007 年出口占总销售额比
重越高的行业,2007—2013 年间"僵尸企业"比例增长的速度也
越高。这说明了外部需求冲击是"僵尸企业"形成的原因之一。

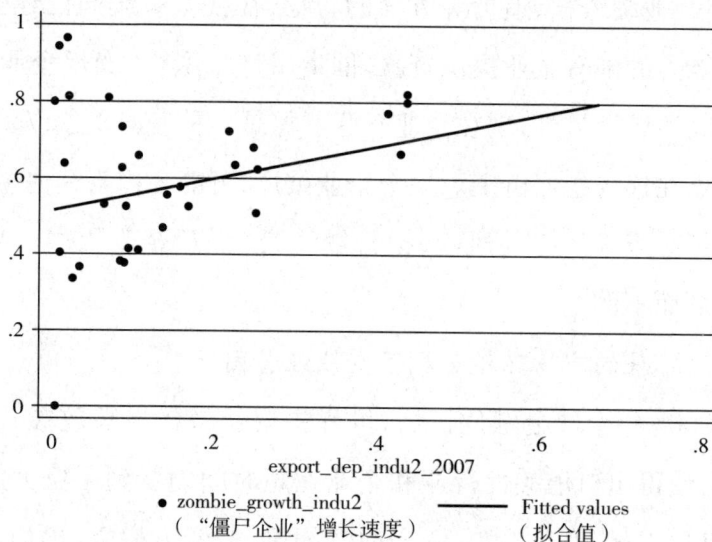

图 2-1-1　行业出口依赖度与"僵尸企业"比例

4. 历史遗留问题使得"僵尸企业"存在

三线建设历史遗留问题较为突出,是"僵尸企业"形成的主
要原因之一。始于 20 世纪中期的三线建设极大地促进了工业
化进程,但随着经济发展和市场环境变化,由于过分强调"山、
散、洞",远离市场、与当地社会脱节、重复建设严重、产能过剩、
产品竞争力低成为这些三线企业的突出问题。长此以往,这些

三线企业目前大多成为"僵尸企业"，面临"关、停、并、转"的局面。

东北等地区"僵尸企业"绝大多数是经过国企改革转制重组后留存的壳企业、停产和半停产企业，仅有少数企业尚在进行生产经营。经过改革转制企业资产重组后，虽然部分深层次的体制机制和涉及职工切身利益的主要矛盾和问题得以破解，但是更多的内外债务留在了壳体企业。壳企业目前成了"僵尸企业"。

5.地方政府之间和企业之间的恶性竞争

一旦国家将某个行业列入重点扶持范围，地方政府缺乏制定符合本地实际的产业发展战略，就一拥而上支持这个行业的发展，造成重复建设、产能过剩。在该行业出现大量"僵尸企业"之后，政府又纷纷提供优惠政策和补贴来支持企业，希望能够通过自己的"扶持"来"挤垮"其他地区的企业。而且，政府部门出台政策鼓励企业兼并、"以大吃小"，甚至在行业救助时只救助一定规模和数量的大企业，这样就使得企业都不顾实际盈利状况片面做大、竞相兼并，为成为"僵尸企业"埋下了隐患。

6.企业自身发展问题导致"僵尸企业"的产生

企业自身发展问题也是导致"僵尸企业"产生的主要原因。一是战略定位不准，跟风现象严重。由于部分地方政府产业结构规划的长期缺位，大部分工业企业跟风现象严重，带来了重复建设的弊端。一方面表现在企业缺乏对市场拓展的全盘规划，与市场需求脱轨；另一方面表现在企业缺乏对资源综合开发利用的战略思考,可持续发展的动力不足。二是产品质量低下是导致部分企业成为"僵尸企业"的重要因素。部分企业未能从"潮涌投资"的增长路径转型到"质量创新"的发展阶段,从而造成产品质量无法满足市场的有效需求,因而出现经营绩效下降乃至长期亏损,最终成为"僵尸企业"。三是技术创新能力不足是造成"僵尸企业"形成的重要因素。由于企业技术改造投入不足,设备老旧、技术落后,产品创新不到位以及企业管理模式单一、水平较低,使得企业陷入困境。四是尚未建立现代企业制度易导致"僵尸企业"产生。现代企业制度和公司治理结构的不健全,造成信息的不对称,有可能导致企业决策出现偏差,从而沦为"僵尸企业"。五是企业家精神的匮乏也是引致"僵尸企业"形成的重要因素。企业家群体对于政府资源存在较强的路径依赖效应,这不仅滋生了寻租腐败行为,更使得企业家配置于提升产品质量能力、增强技术创新能力等生产性活动的资源要素积极性不足,抑制了生产性企业家精神的充分发挥。因此,新常态下企业家精神不足是部分企业经营绩效长期偏低甚至形成"僵尸企业"的一个重要原因。六是职工的"国有情结"。职工由于"国企情结"和自身利益,普遍宁愿拿较少的政府补贴或者低额的最低生活保障,也强烈抵触企业破产,更难以接受被民营企业兼并,这也进一步导致"僵尸企业"长期存在。七是主辅分离不彻底导致企业包袱重。厂办大集体原来依赖于主办国有企业,绝大部分因缺乏竞争力被淘汰出局,这些企业因拖欠职工工资、工伤、医疗保险、伤残就业补助等内债而无法破产。主办企业在无资金来源、无政策支持的情况下,无法解决集体企业职工的内债和社会保险问题,最终企业无法退出。

除此之外,破产制度繁冗、土地和矿产资源权证处理难度大、企业组织机构代码注销难等原因的存在也导致"僵尸企业"长期存在。

(二)"僵尸企业"产生的影响

"僵尸企业"长期存在主要产生以下危害:一是降低行业资源配置效率。"僵尸企业"依靠政府的补贴或者银行的续贷维持下去,占用了大量的土地、资本、能源、劳动力等资源,却几乎不产生任何经济效益。而市场资源的总量是有限的,如此一来留给其他企业以及行业的资源份额就会变少,导致资源无法向收益更高的部门流动,造成了严重的资源浪费,降低了资源的配置效率(黄鑫,2017)。同时,还会产生劣币驱逐良币的效应,破坏了市场优胜劣汰的机制和公平竞争的环境。二是导致经济增速逐渐下降。"僵尸企业"长期存在,阻碍了生产效率的提高,进而导致经济增速逐渐下降。"僵尸企业"的存在占有了生产要素,制约了新兴企业的崛起,导致创新的动力逐渐丧失,经济增长陷入停滞。企业、行业和宏观经济就像三个互相联动的齿轮,只有行业蒸蒸日上,经济发展才能大展宏图。然而,"僵尸企业"就像锈掉的齿轮,无法顺畅转动,一旦企业的齿轮被卡住,宏观经济的齿轮也将停止转动。三是进一步加剧产能过剩。"僵尸企业"占比较多的行业,产能过剩现象也就更加严重。不仅如此,"僵尸企业"比正常企业更愿意增加员工数量(Tanaka,

2006),个别"僵尸企业"甚至还不断增加投资,而且投资效率普遍较低(Fukao et al.,2006)。这会导致产能过剩进一步加剧。持续严重的产能过剩,就会导致产品价格不断下降。生产率不提高的情况下,成本很难降低,此时价格下降就意味着利润被挤压。这种情况下,产能过剩导致的竞争就变成了"剩者为王"。四是使资金链安全出现隐患。"僵尸企业"已无偿债能力,且往往背负着大量的债务。银行为了避免企业破产、防止先前的贷款变坏账,往往会继续向企业提供贷款。"僵尸企业"的债务处理不及时、不合理,会导致银行不良资产增加,使许多问题贷款被遮掩。而且一些"僵尸企业"的债务涉及民间借贷,"僵尸企业"恶化的状况会影响到地方资金链的安全。五是损害职工权益。在"僵尸企业"失去收入来源的情况下,拖欠职工工资、社保情况严重,职工的切身利益得不到保障,工作积极性不高,严重影响职工队伍稳定。

三、"僵尸企业"①认定的标准及规模

在我国,"僵尸企业"还未形成统一的认定标准,学者对"僵尸企业"的看法存在不少差异,各部门、各地方也都各执一词,最终根据相关标准测算出"僵尸企业"的规模也存在较大差异。目前,学者们根据"陷入财务危机"和"债权人继续提供信贷"等特征构造了多种测量指标。日本学者从信贷的角度测量了"僵尸企业"规模(CHK方法)。通过考察银行对企业借款的补贴

---

① 本报告考察的"僵尸企业"主要是中型及以上规模的工业企业。

程度(利息费用的减免),作为判定企业是否为"僵尸企业"的依据。[①] Fukuda,Nakamura(2011)在 CHK 方法的基础上,增加了"盈利能力"(profitability)和"常绿借贷"(evergreen lending)两个标准(FN 方法)。具体来说,若一个企业第 t 年息税前收入低于 CHK 方法中构造的利息支付的理论下限,同时,该企业第 $t-1$ 年的资产负债率超过 50%,并且能够在第 t 年增加借款,则认定该企业为"僵尸企业"。这样一来,识别"僵尸企业"时就不会漏掉那些本身盈利能力已经很差、杠杆率很高却还在增加外部贷款的企业。[②] Hoshi、Kim(2012)提出 HK 方法,该方法构造了两个指标用于判定企业是否为"僵尸企业"。第一个指标是

[①] "僵尸企业"的识别过程可以分为以下三个步骤。步骤一:计算利息支付的理论下限,计算公式为: $R_{i,t}^* = rs_{t-1}BS_{i,t-1} + \left(\dfrac{1}{5}\sum_{j=1}^{5} rl_{t-1} \right) BL_{i,t-1} + rcb_{5years,t} \times Bonds_{i,t-1}$ 。其中, rs_{t-1} 和 rl_{t-1} 分别表示第 $t-1$ 年的平均短期优惠利率和平均长期优惠利率, $rcb_{5years,t}$ 代表从 $t-5$ 到 $t-1$ 年内所观测到的可转换债券票面利率的最低值。 $BS_{i,t-1}$ 、 $BL_{i,t-1}$ 和 $Bonds_{i,t-1}$ 分别是公司 i 第 $t-1$ 年的短期银行贷款、长期银行贷款和已发行债券数量。也就是说, $R_{i,t}^*$ 是假设企业能获得市场最低利率时需要为其债务支付的利息,即正常情况下企业需要为其债务支付的利息下限。步骤二:根据公司的财务报表,获取公司在第 t 年初实际利息支付总额 $R_{i,t}$ 。步骤三:计算 $X_{i,t} = \dfrac{(R_{it} - R_{i,t}^*)}{B_{i,t-1}} = r_{i,t} - r_{i,t}^*$,其中, $B_{i,t-1} = BS_{i,t-1} + BL_{i,t-1} + Bonds_{i,t-1} + CP_{i,t-1}$, $CP_{i,t-1}$ 指公司第 $t-1$ 年的商业票据数量。若该数值小于 0,表示企业获得了银行提供的借款补贴,判定该企业为"僵尸企业"。

[②] 有学者利用该方法和 CHK 方法识别了日本在 1995—2004 年间的"僵尸企业",发现用 FN 方法认定得到的"僵尸企业"比例和日本经济的发展情况(尤其是银行业的坏账规模)走势更为一致,因而具有更高可信度。该方法也存在数据无法获得的困难,同时资产负债率取值 50% 作为临界值对于某些行业来说可能并不算高。

财务支出占销售收入的比重(FES)。① 第二个指标是银行援助指数(BH)②,BH 值是对公司每一年中新增贷款数量和到期债务展期的比例变化情况的衡量。HK 方法将两个指标综合在一起,构建函数以测量 j 行业的公司 i 在第 t 年是否为"僵尸企业"。人大国发院在研究中国"僵尸企业"的过程中,发现有些企业仅仅在全部时间段中的一年被识别为"僵尸企业"。这与我们对"僵尸企业"的直观理解不符。Nakamura、Fukuda(2013)也指出,按照传统指标得到的"僵尸企业"样本中有一部分是一次性"僵尸企业"。因此,在研究过程中,应该将这些企业从"僵尸企业"中剔除。聂辉华(2016)提出,如果一个企业在第 t 年和第 $t-1$ 年都被 FN 方法识别为"僵尸企业",那么该企业在第 t 年就被识别为"僵尸企业"。有学者以资本市场上市公司为研究对象,从企业净利润扣除政府补贴、税收返还、减免之后的实际净利润为衡量标准,如果实际净利润连续 3 年都为负数,即可将上市公司定义为"僵尸企业"的可疑对象。也有学者以扣除非经常损益后每股收益连续 3 年为负作为标准。

对于这些标准和测量方法,学者争议很大。CHK 方法具有多重优势,如测算所需的数据可以从财务报表等公开渠道获取,只需要计算单一指标就可以作出判断,便于实际操作。但是

---

① $FES_{i,t}=IP_{i,t}/S_{i,t}$,$IP_{i,t}$ 表示公司 i 第 t 年的利息费用支出,$S_{i,t}$ 表示公司 i 第 t 年的销售收入。

② $BH=(TL_{i,t}-TL_{i,t-1})/(SL_{i,t-1}+CLL_{i,t-1})$,$TL_{i,t}$ 表示公司 i 在第 t 年的总的借款金额,$SL_{i,t-1}$ 表示公司 i 第 $t-1$ 年的短期借款金额,$CLL_{i,t-1}$ 表示公司 i 第 $t-1$ 年时即将在 1 年内到期的长期借款金额。

CHK 方法也存在诸多问题：第一，它只是根据是否存在银行利息减免这一个维度进行判定，缺少对负债率、停产半停产等指标的考虑，容易将"非僵尸企业"错误地归类为"僵尸企业"，使测量规模扩大。第二，可能将一些实际上的"僵尸企业"误认为正常企业。例如，银行补贴"僵尸企业"的方法不仅限于提供更低的利率，放宽审查、借新还旧等方式都可以帮助"僵尸企业"活下去，有的"僵尸企业"就会成为漏网之鱼。也有学者认为 HK、FN 等方法也或多或少有类似问题，而且相关数据的可及性不强，另外利用这些标准测算出"僵尸企业"的规模偏大。

综合上述标准存在的问题以及相关数据的获及性，本报告提出相对偏中性的测量标准。认为符合以下条件之一的企业，可为"僵尸企业"。（1）负债率超过 85%，且连续亏损 3 年及以上的企业；（2）主要靠政府补贴和银行续贷等方式维持生产经营的企业；（3）连续 3 年欠薪、欠税、欠息、欠费的企业；（4）生产经营困难造成停产半年以上的企业、生产经营困难造成半停产 1 年以上的企业。根据以上认定标准向各地发改、经信系统发放统计问卷的方式，获取了各省、直辖市"僵尸企业"的数据。由于测量"僵尸企业"规模的数据不易获得，本报告测量采用了该套数据，并且使用中国工业企业数据库对相关数据进行了核对和调整，进而对我国"僵尸企业"进行研究。值得说明的是，"僵尸企业"是一个动态的概念，对其定义和衡量标准应随时更新。本报告也仅是根据自己的衡量标准试图测算了我国"僵尸企业"的规模。

专栏 1-1-2 "僵尸企业"内涵

"僵尸企业"这一概念来自日本,最早可追溯到 Edward Kane 解析日本20世纪80年代和90年代的经济危机,指的是那些无望恢复生气,但由于获得放贷者或政府的支持而免于倒闭的负债企业。国外学者们在界定"僵尸企业"时主要基于两个标准:一是企业陷入财务危机,濒于资不抵债或事实上已经处于资不抵债状态。二是企业尽管财务状况糟糕,但依然能够获得债权人的慷慨信贷。Ridzak(2011)认为,如果没有银行的继续贷款就会违约的企业就是"僵尸企业"。Hoshi 和 Kim(2012)则认为,"僵尸企业"是指那些在正常竞争环境下会因为低盈利水平而被驱赶出市场,但实际上因为债权人的帮助而依然存在的企业。在界定"僵尸企业"时,国外一些学者认为,对于"陷入财务危机"这一标准必须有更加清晰的阐述。因为企业财务困境发生的来源具有多样性[①],只有因经营不善、缺乏竞争力和发展前景而陷入财务危机才是定义"僵尸企业"的必要条件,而将那些具有较强的企业竞争力、能够在中长期内获得稳定而充足的现金流、但遭遇外部不利冲击而陷入财务困境的企业不能被认定为"僵尸企业"。除此之外,公司财务困境和经营困境是一对具有紧密联系但又存在显著差异的概念(Gertner and Scharfstein, 1991; Senbet and Wang, 2012)。Chakraborty and Peek(2012)认为,必须从财务困境和经济困境两个维度来判定"僵尸企业",如果一个企业陷入财务困境,但仍然具备经济活力,则不应被认定为"僵尸企业"。

---

① 外部环境的不利冲击或者企业经营效率低下、长期盈利前景渺茫都会导致企业陷入财务困境。

在我国,"僵尸企业"还未形成统一的定义,学者对"僵尸企业"的看法存在不少差异。有学者认为,"僵尸企业"的重点怀疑对象应是那些盈利状况差、无法按时归还贷款却仍能借新的企业。银行出于自身信用评级的考虑,倾向于包庇这些拖欠贷款的企业,持续对其放贷从而美化财务报表。这类浪费社会资源的企业才是真正的"僵尸企业"。有学者认为"僵尸企业"的提法不够科学。所谓"僵尸企业",就是没有任何生产经营活动,仅剩下一个空壳的企业。以资产负债率、亏损多少、贷款规模等因素来界定"僵尸企业"并不妥当。这些概念的提出泛化了"僵尸企业",无形中扩大了其规模,不利于企业后期的发展。某些具有发展前景的企业由于受到外部市场的冲击,暂时成为"僵尸企业",市场环境变好企业生产经营状况就能够得到恢复。如果认定其为"僵尸企业",企业就会得不到银行的支持,使其生产经营情况继续恶化,最终成为真正的"僵尸企业"。有学者提出,不同的行业、地区在界定"僵尸企业"上应有不同的标准。不同行业的资产负债率、经营状况参差不齐,一刀切的界定方法太过鲁莽。还有学者认为"僵尸企业"是一个动态的概念,对其定义应该随时更新。

(一)"僵尸企业"资产负债率较高

按照上述条件筛选,2015年全国"僵尸企业"数为5497家,资产总额为29068.4亿元,负债总额为25708.9亿元,平均资产负债率为88.4%。在职人数为239.9万人,职工人数为434.7万人。

全国"僵尸企业"资产总额占全国规模以上工业企业资产

总额的 2.8%。虽然"僵尸企业"的资产占全国规模以上工业企业资产总额的比重看似较低,并且负债率也不高,平均资产负债率为 88.4%,但实际"僵尸企业"已经是资不抵债,危害极大。另外,目前"僵尸企业"主要集中在钢铁、煤炭、化工、有色、装备等行业,在供给侧结构性改革背景下,这类行业又均属于需要集中去产能的行业。可见,如果这些"僵尸企业"处置不当,将不利于供给侧结构性改革的有效推进,同时也将对经济和社会产生极大的危害和影响。

表 2-1-1 "僵尸企业"资产负债情况

	企业数量（家）	资产（亿元）	负债（亿元）	负债率（%）	在职人数（万人）	职工人数（万人）
"僵尸企业"	5497	29068.4	25708.9	88.4	239.9	434.7

（二）"僵尸企业"亏损额逐年加大

2012—2015 年,"僵尸企业"实现主营业务收入分别为 18238.4 亿元、19430.6 亿元、16423.4 亿元、11659.2 亿元。亏损额分别为 542.9 亿元、756.9 亿元、1315.2 亿元和 1516 亿元,亏损面逐年扩大。

表 2-1-2 "僵尸企业"生产经营情况

	营业收入（亿元）				利润（亿元）			
	2012	2013	2014	2015	2012	2013	2014	2015
"僵尸企业"	18238.4	19430.6	16423.4	11659.2	-542.9	-756.9	-1315.2	-1516

（三）"僵尸企业"依靠政府补贴和扶持

2012—2015 年，"僵尸企业"获得政府各类补贴为 128.1 亿元、105.2 亿元、104.7 亿元、82.7 亿元，累计获得政府补贴420.7 亿元。

表 2-1-3 "僵尸企业"获得补贴情况

	补贴（亿元）				扶持政策（亿元）			
	2012	2013	2014	2015	2012	2013	2014	2015
"僵尸企业"	114.8	99.5	91.8	65.2	13.3	5.7	12.9	17.5

（四）停产半停产的"僵尸企业"比重较高

"僵尸企业"中，停产半停产企业 4589 家，占比达到83.5%。其中，停产企业 3011 家，停产 3 年以上企业达到 1225家。停产企业资产总额为 8281.4 亿元，占"僵尸企业"总数的28.5%；负债总额为 8066.7 亿元，占"僵尸企业"总数的 31.4%；平均资产负债率为 97.4%；涉及人员 164 万人，占"僵尸企业"总职工人数的 37.7%。

表 2-1-4 "僵尸企业"停产半停产情况

	停产企业							半停产企业（家）
	2 年以下（家）	2—3年（家）	3 年以上（家）	合计（家）	资产（亿元）	负债（亿元）	人员（万人）	
"僵尸企业"	1557	229	1225	3011	8281.4	8066.7	164	1578
占比	28.3	4.2	22.3	54.8	28.5	31.4	37.7	28.7

注：占比为全部"僵尸企业"的比重。

(五)国企中"僵尸企业"数量较多、资产重、人员多

在"僵尸企业"中,国有控股"僵尸企业"有 1544 家,资产为 15354.3 亿元,负债为 13787.8 亿元,分别占全部"僵尸企业"的 28.1%、52.8% 和 53.6%,资产负债率为 89.8%。企业人员总数 为 250.8 万人,占全部"僵尸企业"职工人数的 57.7%。

集体"僵尸企业"有 564 家,占比 10.3%。资产为 485.6 亿 元,负债为 507.3 亿元,资产负债率为 104.5%。企业人员总数 为 31.3 万人,占全部"僵尸企业"职工人数的 7.2%。

民营"僵尸企业"有 3389 家,资产为 13228.5 亿元,负债为 11413.8 亿元,分别占全部"僵尸企业"的 61.7%、45.5% 和 44.4%,资产负债率为 86.3%。企业人员总数为 152.5 万人,占 "僵尸企业"职工总人数的 35.1%。

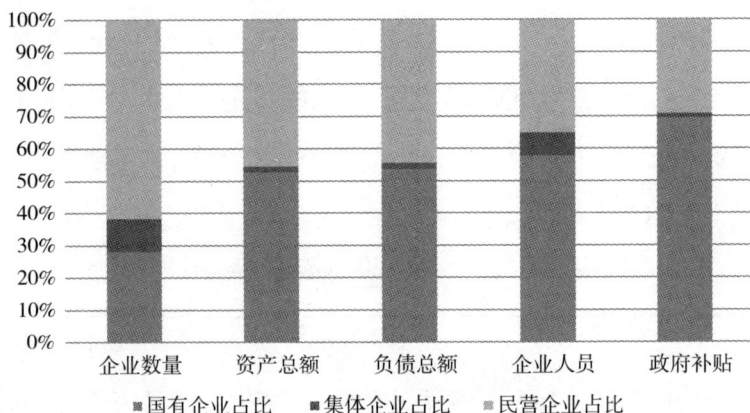

图 2-1-2 不同所有制企业"僵尸企业"情况

（六）"僵尸企业"主要集中在钢铁、煤炭、化工等行业

"僵尸企业"主要集中在钢铁、煤炭、化工、有色、装备行业，5 个行业资产、负债均超过 2000 亿元，总计分别占全部"僵尸企业"的 84.3%、83.7%。煤炭、钢铁、装备、化工、纺织 5 个行业企业人员均超过 30 万人，合计占全部"僵尸企业"的 75.7%。2012—2015 年，钢铁、煤炭、化工、有色、装备 5 个行业累计获得政府补贴 329.9 亿元，占"僵尸企业"政府补贴的 78.4%。

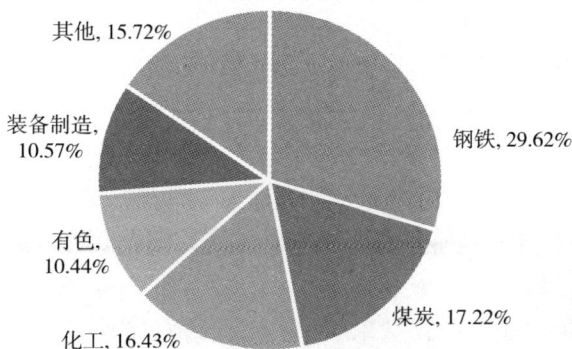

其他，15.72%
装备制造，10.57%
有色，10.44%
化工，16.43%
钢铁，29.62%
煤炭，17.22%

图 2-1-3　主要行业"僵尸企业"资产占比

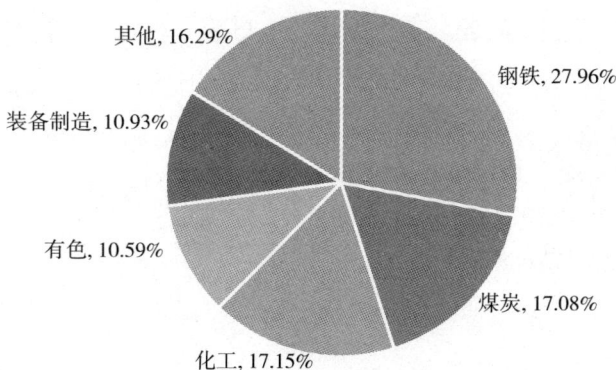

其他，16.29%
装备制造，10.93%
有色，10.59%
化工，17.15%
钢铁，27.96%
煤炭，17.08%

图 2-1-4　主要行业"僵尸企业"负债占比

表 2-1-5　各行业特困企业资产、人员分布

	钢铁	煤炭	化工	有色	建材	食品	纺织	电力	交通装备制造	造纸	其他
资产总额(亿元)	8611	5005	4775.5	3036.0	1034.3	959.9	792.9	608.3	487.3	447.7	725.2
负债总额(亿元)	7187	4392	4409.8	2721.5	854.6	964.7	757.9	516.9	433.3	438.7	655.0
资产负债率(%)	83.5	87.8	92.3	89.6	82.6	100.5	95.6	85.0	88.9	98.0	90.3
企业人员总数(万人)	60.3	142.5	41.4	24.5	24.7	15.8	33.1	3.7	9.6	7.8	19.3
停产企业数量(家)	300	374	399	222	282	179	282	18	77	74	275

（七）"僵尸企业"主要分布在辽宁、河南、湖南等地区

从"僵尸企业"数量来看,辽宁、河南、湖南3省"僵尸企业"数量分别达到953家、819家和786家,合计占到全部"僵尸企业"数量的46.5%。从资产负债来看,河南、四川、河北、甘肃、山西5省"僵尸企业"资产总额为11327.6亿元,合计占全部"僵尸企业"的39.0%;负债为10130.1亿元,占比为39.4%。从企业人员来看,河南、辽宁、黑龙江、湖南、四川、河北6省"僵尸企业"总人数均超过25万人,合计约255.6万人,占全部"僵尸企业"总人数的58.8%。

表 2-1-6　各地"僵尸企业"情况

地区	企业数量	资产总额 （亿元）	负债总额 （亿元）	资产负债率 （%）	企业总人数
河南	819	3577.1	3365.3	94.1	663657
四川	341	2007.4	1706.9	85.0	291519
河北	157	1934.6	1622.3	83.9	284223
甘肃	92	1914.0	1452.6	75.9	99257
山西	151	1894.5	1983.0	104.7	206625
云南	169	1723.0	1414.9	82.1	135239
天津	113	1693.2	1568.2	92.6	86123
重庆	130	1478.3	1054.5	71.3	95518
黑龙江	95	1193.5	1092.6	91.8	489876
安徽	129	1133.5	919.2	81.1	157233
陕西	215	1063.9	911.6	85.7	147318
辽宁	953	995.3	1057.0	106.2	501506
山东	167	990.8	1111.3	112.2	119811
贵州	125	988.0	813.5	82.3	111928
新疆	68	880.0	722.8	82.1	71945
湖南	786	848.2	705.5	83.2	325269
吉林	81	702.4	649.1	92.4	110644
内蒙古	94	697.7	525.1	75.3	32818
福建	176	575.0	434.3	75.5	57733
湖北	158	558.6	525.6	94.1	91345
浙江	160	546.9	448.7	82.0	40411
江苏	94	512.7	496.4	96.8	40221
广西	42	325.8	323.0	99.1	30257
江西	122	279.1	247.1	88.5	127697
青海	19	248.0	220.3	88.8	9765
广东	13	126.9	136.8	107.8	5835
北京	9	113.1	127.4	112.6	4562
宁夏	14	44.1	48.0	109.0	6626
海南	4	21.3	17.6	82.7	1589
上海	1	5.3	6.7	126.3	——

四、处置"僵尸企业"的难点、障碍和风险点

处置"僵尸企业"涉及面广、情况复杂、难度大,需要规避的风险点较多。难点、障碍和风险点主要表现如下。

(一)主要难点

处置"僵尸企业"的难点主要表现为:一是短期内难以处置。"僵尸企业"特别是国有"僵尸企业"是长期积累形成的,有些还带有政策性因素和历史遗留问题,处置困难较多,短期内解决难度大。与此同时,处置"僵尸企业"还要实现多重目标,如产业重组、产能压减、人员处置、债务处置、风险防范等,耗时长,挑战性大,探索性强。二是企业兼并重组困难。一些行业产能严重过剩,企业亏损面大,优势企业兼并重组的意愿不强、能力不足。而且由于存在地区封锁、审批手续繁杂、民营资本准入难等制度性障碍以及缺失金融、财税、社会保障等配套政策的支持,企业兼并重组工作较难开展。在此背景下,"少破产、多兼并"的办法较难实现市场出清。三是职工安置困难。职工安置是处置"僵尸企业"的重要障碍。"僵尸企业"大多是劳动密集型企业,存续时间长,就业人员多,社会影响大,多为当地以前的重点企业,职工分流安置压力非常大。四是债务处理困难。"僵尸企业"特别是国有"僵尸企业"往往背负高额债务,造成银行出现大量不良债权,一旦企业退出市场,债权银行将面临大量不良资产,尤其是大型企业的退出,将对债权银行产生严重冲击。五是破产退出难。目前,法律法规不够完善,存在破产清算

案件立案难、审理慢、执行难等问题。

(二)主要障碍

1. 企业缺乏动力。一是企业决策者顾虑重重。许多企业家倾其所有投入到企业发展,一旦选择市场化退出往往被视为经营失败的象征,企业家难以接受来自员工、社会舆论的压力及自我感情上的否定,无法跨越退出市场的心理顾虑。二是企业担心流失市场份额,即使持续亏损也要想尽办法维持生产经营,期待情况好转。三是企业很难将特定用途的资产改变用途或变卖,当企业选择退出市场时,企业无法对这些资产的价值进行回收,提高了企业退出市场的成本。四是部分资源型企业拥有矿产资源,普遍抱有"好死不如赖活着"的观念,存在未来向好预期,宁可艰难维持,也不愿主动退出。五是企业对破产退出的认知程度低。许多企业对破产清算程序、重整程序与和解程序了解甚少,没有充分认识到破产对各方的利益平衡和保护功能。市场主体破产知识的缺乏和破产理念的欠缺,导致企业没有通过破产程序退出市场。

2. 地方政府积极性不高。在当前考核体系下,地方政府尽可能避免辖区内企业退出市场,特别是不允许一些资金密集、劳动密集、产值大、产业链长的大型企业退出市场。因为这些在当地举足轻重的企业如果选择退出市场,很可能会形成连锁反应,引发区域性风险,造成当地大面积企业无法正常运营。另外,目前地方政府未能很好地结合中央对产业结构调整的规划,制定符合本地实际情况的产业发展战略,对"僵尸企业"退出等工作还缺乏分类施策的意识和针对性的政策指导。

3. 债权银行缺乏积极性。部分"僵尸企业"拖欠贷款数额大、时间长,一旦彻底退出市场,债权方将面临大量不良资产难以处置。因存在个人责任追究机制,多数债权银行对"僵尸企业"不良资产处理不积极,尽量避免任期内的大量不良资产处置,在"僵尸企业"退出问题上往往采取消极态度,甚至为了维护账面资产而对本应退出的企业设置种种障碍。

(三)主要风险点

处置"僵尸企业"的过程存在着诸多风险:一是处理不当可能会引发区域性金融风险。"僵尸企业"偿贷能力低,处理不当容易增加银行的不良贷款,甚至可能引发系统性金融风险。一些"僵尸企业"债务规模大、债务链复杂,涉及银行贷款、民间借贷、员工集资、联保互保等多种情况,处置不当易形成连锁反应,引发区域性风险,造成大面积企业破产,影响地方金融安全。二是易导致隐性失业显性化,诱发社会风险。"僵尸企业"在经营亏损的情况下普遍拖欠职工工资和社保,职工切身利益受损。处置过程中将会有部分职工下岗,使隐性失业显性化,若下岗分流人员安置政策不完善,拖欠职工工资、补缴各类保险、下岗再就业等问题得不到妥善解决,容易带来连锁反应,处理不当可能激化社会矛盾甚至引发群体性事件,信访维稳压力较大,极易导致社会风险的爆发。三是"等、靠、要"企业易起死回生。为处置"僵尸企业"制定的支持政策,可能使有能力自行退出的企业产生"等、靠、要"想法,导致"僵尸企业"市场退出不彻底,使之继续占用社会资源,劣币驱逐良币,破坏了市场优胜劣汰的机制和公平竞争的环境,影响政策实施的预期效果。四是"拉郎配"现象重新出现。在促进特困企业兼并重组的工作中,如果不能坚持市场化原则、尊重企业自主意愿,仍然以行政干预为主,则"拉郎配"现象又会重新出现,这样极易导致要素配置效率低下,无法从根本上解决问题。

五、处置"僵尸企业"的基本原则、路径及政策建议

(一)处置"僵尸企业"的基本原则

1. 坚持市场引导和政府推动相结合

发挥市场配置资源的决定性作用,以企业为主体,以市场为导向,加快"僵尸企业"退出步伐。充分尊重企业意愿,激发调动企业积极性,切实保障企业自主决策的权利,自主选择退出途径和方式。坚持政府推动,加强产业政策引导,健全引导处置"僵尸企业"的机制,做好职工安置,确保社会稳定。规范政府行为,取消政府对市场的不当干预和各种形式的保护。进一步健全公平开放透明的市场规则,充分发挥环保、能耗、安全、质量等社会性规制手段的作用,强化市场倒逼机制。

2. 坚持统筹部署与精准施策相结合

加强系统谋划和总体设计,统筹部署企业转型和行业升级、去能减产和规模扩张之间的关系,做到情况要摸清、目的要明确、任务要具体、责任要落实,设计工具箱并精准施策。坚持"一企一策",杜绝"一刀切",针对不同的"僵尸企业"进行分类

处置,以精准识别引导精准施策,提高政策措施的针对性和有效性。对于长期亏损、扭亏无望、确实要退出市场的企业要坚决一律退出,对于扭亏有望的要尽力拯救。

3. 坚持重点和全面相结合

将产能严重过剩行业"僵尸企业"退出作为重点,集中力量、实现突破,同时健全企业市场化退出的政策体系,构建优胜劣汰的长效机制,促进各行业、各领域"僵尸企业"市场出清。

4. 坚持当前和长远相结合

正确认识当前的"退"和长远的"进",只有"退"够才能"进"够。既要立足于当前加快"僵尸企业"退出,化解产能过剩矛盾,又要着眼于长远促进产业转型升级,向中高端迈进。

5. 坚持培育发展新动能与改造提升传统动能相结合

坚持优化存量、引导增量、主动减量紧密结合,通过创新驱动,充分发挥传统产业优势,同时积极培育新的经济增长点,探索经济发展新动能,加快发展新产业、新业态、新技术、新产品、新模式。利用处置"僵尸企业"的契机,通过技术改造等手段激活存量资产,加快淘汰落后产能和化解过剩产能,有序推进产业转移和国际产能合作。不仅实现优势产业的结构优化和升级,而且推动战略性新兴产业的发展。

(二)明确各方主体责任

坚持中央引导支持、地方责任主体、金融机构配合、企业自主选择的原则,进一步明确各级责任主体的职责任务,确保处置

"僵尸企业"工作的高效、稳妥推进。

中央政府要立足引导支持、统筹推进的职责,积极营造有利于处置"僵尸企业"的政策环境,重点是要帮助地方解决好人员安置托底、债务处置政策支持等问题。积极营造有利于处置"僵尸企业"的考核环境,建立科学合理的考核体系,引导地方积极推进此项工作。积极营造有利于处置"僵尸企业"的良好预期,要注重支持政策实效性和延续性,确保建立市场化的长效退出机制。

地方政府要立足第一责任主体的职责,坚持多兼并重组、少破产清算的原则,合理把握处置途径,切实做好相关人员安置和债务处置工作,确保"僵尸企业"平稳退出和社会和谐稳定。坚持以市场化手段为主的原则,努力营造公平的市场竞争环境,全面落实中央各项支持政策,优先利用市场倒逼"僵尸企业"退出。坚持公平公正处置的原则,对不同行业、不同所有制的企业,在人员托底、税收减免、财政贴息等方面采取无差别的优惠待遇,确保处置工作取得实效。

金融机构立足于积极配合、减轻负担的职责,根据中央有关政策和地方政府指导建议,借鉴以往好的做法和经验,依法对"僵尸企业"进行债务重组,切实降低重组和破产债务负担。根据中央有关政策和地方政府指导建议,加大对兼并重组企业的信贷支持,努力为兼并方提供强有力的资金支撑。根据中央有关政策和地方政府指导建议,积极探索债转股、不良资产证券化等债务处置新思路、新方法,更加充分发挥资本市场在处置工作中的作用。

相关企业要立足于自主选择、对社会负责的职责,正确面对行业和企业的实际状况,自主选择化解危机、退出市场的路径,但同时也要承担相应的后果。正确面对行业和企业的实际状况,自主选择兼并重组行业和对象,各级政府应充分尊重企业意愿,不得"拉郎配"。正确面对行业和企业的实际状况,依法依规做好相关的债务处置和职工安置工作,切实维护企业职工和债权债务人的合法权益。

(三)处置"僵尸企业"的主要途径

处置"僵尸企业"要坚持问题导向、分类处置,从企业实际出发,由企业自主选择化解危机、退出市场的路径,灵活采取兼并重组、破产重整、债务和解、破产清算等多种方式。

1. 兼并重组整合一批。对工艺技术较为先进、市场前景较好,但暂时陷入困难的企业,特别是产业集中度不高、同质化竞争突出行业中的困难企业,支持有实力的企业按市场方式实施兼并重组,加强资源整合。兼并重组要发挥企业主体作用,由企业选择重组对象、确定重组方案,坚持市场化运作。支持优势企业开展区域市场重组,压减低效过剩产能,并购引导基金重点对兼并重组"僵尸企业"给予贴息支持,支持重组后产生的富余职工安置,鼓励兼并重组企业压减产能,压减产能越多,政策支持力度越大。

2. 破产重整重生一批。对工艺技术较为先进、市场前景较好,但资不抵债的困难企业,通过依法破产重整,全面清理企业资产、债务、人员,积极引入战略投资者,合理调整股权结构,推动重整后企业重生，深化内部改革，推动转型升级，加强管理，实现提质增效。各级政府要加大协调力度，引导企业制定重整方案，协调银行等债权人的关系，支持企业职工安置，推动破产重整依法依规顺利进行。

3. 债务和解脱困一批。对工艺技术较为先进、债务负担沉重、债务关系较为清晰的企业，支持企业与债权人加强协商，通过依法破产程序中的和解或私下和解，采取债务削减、停息挂账、债务转移、债权转股权等多种方式，依法达成新的债务和解协议，减轻企业债务负担和财务成本压力，优化企业资产负债结构，实现企业脱困。各级政府要加强协调推动，提供适当的税收减免和政策支持。

4. 破产清算退出一批。对工艺技术落后、长期亏损、扭亏无望、资不抵债、不得不破产清算的"僵尸企业"，引导企业依法破产清算，彻底退出市场。各级政府要加强与法院、金融机构等方面的沟通协调，发挥社会政策托底作用，让破产企业"安乐死"，维护社会稳定。

（四）加大对处置"僵尸企业"的政策支持

1. 加大市场引导

一是加强市场监管，在税收、环保、质量、安全等方面对各类企业实施公平公正执法。保持环境执法高压态势，依法查处环境违法行为。二是加强国家强制性标准的执行，适度提高环保、质量、安全等标准。三是严禁和惩处各类违法实行优惠政策行为，停止对"僵尸企业"各种形式的补贴。

2. 建立激励考核机制

科学设置地方政府考核评价指标体系，将"僵尸企业"处置、职工安置等内容纳入考核范围，引导各地更加积极推进工作。科学设置国有银行业金融机构的绩效考核体系，将"僵尸企业"不良资产处置纳入考核范围，提高国有银行处置不良贷款的积极性。

3. 加强财税政策支持

一是停止对"僵尸企业"的各种形式补贴。二是设立中央财政并购引导基金，引导企业兼并重组。三是建议"僵尸企业"债务重组、破产清算过程中获得的债务处置收益免征企业所得税。四是允许"僵尸企业"自然人股东在重组过程中涉及的个人所得税享受特殊性税务处理政策。五是减免"僵尸企业"破产清算过程中涉及的资产处置流转税。六是参照国有大中型企业主辅分离改制分流安置富余人员的政策，对安置"僵尸企业"失业人员而兴办的经济实体，给予一定的税收政策扶持。

4. 创新金融支持

一是进一步扩大银行核销自主权，简化核销程序，放宽金融企业贷款减免条件。首先，适当放宽核销标准。取消对破产清算或重整类、强制执行类核销的年限限制，一旦宣告破产或进入强制执行程序，即可启动核销。对于无回收可能，但又不符合呆账认定标准的项目，在满足一年年限标准的前提下，允许金融机构进行核销。不将逃废债与金融机构核销挂钩，只要符合财政部规定的呆账认定标准，即可以进行核销。对于取得抵债资产的，抵债金额小于贷款本息的差额直接进行核销。其次，继续优化转让政策。修改完善《金融企业不良资产批量转让管理办法》，进一步扩大银行不良资产转让受让范围，明确允许其他社会资本参与银行不良资产受让。允许"僵尸企业"不良贷款向社会意向投资者单户转让，取消或放宽不良贷款批量转让组包项目或户数限制。最后，放宽贷款减免条件。完全取消"列入不良须满一年"的限制。简化贷款减免必要性和合理性的论证。取消不得减免的相关限制，建议在完成责任认定与追究后即可实施减免。同时，不要按照减免额度设置减免权限，而是针对不同的企业类型设置权限，如对国有企业由金融机构自主减免。对民营企业减免表外应收利息可由金融机构自主减免，减免本金与表内应收利息需提交财政部有关部门审核，报国务院批准实施。

二是设立省级资产管理公司。增加市场化的金融资产管理主体，推动设立可接受批量转让的省级资产管理公司。研究允许各类资本组建不良资产管理公司进入不良资产转让市场。鼓励资产管理公司参与设立产业重组基金，充分发挥资产管理公司的专业能力。

三是创新金融支持方式。根据重大技改、产业升级、结构调整项目目录，完善信贷准入标准，对产能严重过剩行业未取得合法手续的新增产能建设项目，不得给予授信；对长期亏损、失去清偿能力和市场竞争力的"僵尸企业"，或环保、安全生产不达标或整改无望的企业及落后产能，压缩并退出相关贷款。"僵尸企业"重组期间到期的银行债务，可以给予银行停息挂账的自主权。并购贷款最长期限延长到 10 年，通过财政贴息降低并购贷款利率。加大对战略性新兴产业、传统产业技术改造和转型升级的支持力度,对钢铁、有色、建材、煤炭等行业中产品有竞争力、有市场、有效益的优质企业继续给予信贷支持,帮助有前景的企业渡过难关。对短期内面临偿债压力、长期依然有发展前景、财务上也可持续的"优质"企业实施债转股等。采用多样化的金融工具支持企业重组,如发行垃圾债券、换股、设立并购基金。拓宽并购资金来源,鼓励社会资本参与,如保险资金等长期资金也可参与困难企业的并购重组,同时完善并购资金退出渠道,加快发展二级交易市场。

四是完善金融风险防控机制。完善金融风险监测体系,及时处置化解风险隐患,防止发生区域性、系统性金融风险。建立健全止损坏账应对机制,提高金融机构应对"僵尸企业"破产的能力。同时,依法保障金融债权,防范通过不当兼并重组手段逃废债务。

5.加强国资管理

一是符合条件的国有"僵尸企业"应开展专项清产核资,夯实资产状况,缓解账面价值虚高等问题。二是建议国有资本经营预算资金对"僵尸企业"处置过程中的人员安置费用、结构调整等予以支持。三是地方国资委在业绩考核、薪酬分配等方面加强政策引导。如因处置"僵尸企业"对当期经营业绩产生重大影响的,业绩考核适当予以考虑。对人员分流安置力度较大的,工资总额核定时适当予以考虑。对处置工作取得重大进展的给予特别奖励。四是进一步提高国有企业资产评估管理规范程度和透明度,切实保障国有企业产业重组、处置"僵尸企业"

过程中的国有权益。

6.盘活土地资源

建议"僵尸企业"退出后的划拨用地可以依法转让或由地方政府收回。地方政府收回原划拨土地使用权后的土地出让金,可以按规定通过预算安排用于支付产能退出企业职工安置费用。"僵尸企业"退出后的工业用地,在符合城乡规划的前提下,可用于转产发展第三产业,地方政府收取的土地出让收入,可按规定通过预算安排用于职工安置和债务处置。其中对用地手续完备的腾让土地,转产为生产性服务业等国家鼓励发展行业的,可以在5年内继续按照原用途和土地权利类型使用土地。

7.依法依规实施企业破产

一是建立健全依法破产的体制机制。充分发挥企业破产在解决债务矛盾、公平保障各方权利、优化资源配置等方面的重要作用。完善破产清算司法解释和司法政策。健全破产管理人制度,探索建立关联企业合并破产制度。细化工作流程规则,切实解决破产程序中的违法执行问题。探索在中级人民法院建立专门的破产审判庭,集中管辖辖区内的破产案件,加快破产清算案件的立案、审理,建立企业破产"快速审"常态司法机制。依法及时受理、审理"僵尸企业"破产案件,无法定理由不得拒绝受理、拖延审理,不得增加额外限制性条件。在去产能特别是"僵尸企业"退出过程中,要严格制止通过非法清算、恶意破产、脱保、划转剥离资产等手段恶意逃废银行债务的行为。积极支持优化法官配备并加强专业培训,强化破产司法能力建设。规范和引导律师事务所、会计师事务所等中介机构依法履职,增强破产清算服务能力。

二是因企制宜实施企业破产清算、重整与和解。对于扭亏无望、已失去生存发展前景的"僵尸企业",要破除障碍,依司法程序进行破产清算,全面清查破产企业财产,清偿破产企业债务并注销破产企业法人资格,妥善安置人员。对符合破产条件但仍有发展前景的企业,支持债权人和企业按照法院破产重整程序或自主协商对企业进行债务重组。鼓励企业与债权人依据破产和解程序达成和解协议,实施和解。在企业破产过程中,切实发挥债权人委员会作用,保护各类债权人和企业职工合法权益。

三是健全企业破产配套制度。政府与法院依法依规加强企业破产工作沟通协调,解决破产程序启动难问题,做好破产企业职工安置和权益保障、企业互保联保和民间融资风险化解、维护社会稳定等各方面工作。加快完善清算后工商登记注销等配套政策。

8. 加强监督管理

加强对"僵尸企业"退出等相关处置工作的监督管理,核心是抑制落后过剩产能盲目扩张,避免卷土重来。要求各省建立健全目标责任制,把化解过剩产能目标落实情况列为落实中央重大决策部署监督检查的重要内容,加强对化解过剩产能工作全过程的监督检查;将化解过剩产能任务年度完成情况向社会公示,建立举报制度;强化考核机制,适时组织开展专项督查和引入第三方机构对各地区任务完成情况进行评估,对未完成任务的地方要予以严肃问责。

专题报告二 "僵尸企业"债务有效处置方式 理论探索及适用性分析

习近平总书记在中央财经领导小组第十五次会议上强调，坚定不移处置"僵尸企业"，"要区别不同情况，积极探讨有效的债务处置方式，有效防范道德风险。"探索适宜方式妥善处置"僵尸企业"债务是顺利处置"僵尸企业"、推进去产能改革任务的重要环节，十分关键。本专题的主要任务是做好债务处置方式的储备工作，通过梳理理论和分析既有实践相结合，理清楚到底有哪些债务处置方式适合于"僵尸企业"，分别适合于哪些类型的"僵尸企业"，又需要哪些条件进行配套。在此基础上，对积极探索"僵尸企业"债务处置方式提出思路性建议。结构安排是：第一部分阐述探索债务处置方式的理论内涵；第二部分对债务处置具体方式进行分析；第三部分提出探索"僵尸企业"债务处置方式的政策思路。

一、积极探索有效债务处置方式的理论内涵

顾名思义，积极探索有效的债务处置方式就是采用合适方法来处置企业的债务。然而，和一般企业相比，"僵尸企业"因形成原因复杂、类型多样，其债务处置更具特殊性，采取什么样的债务处置方式十分关键，既关乎效率，更关乎公平。这意味着，我们既不能一刀切地完全依靠市场方式来实现市场出清，又

不能单纯靠行政命令去盲目指挥、摊派任务。因而,"僵尸企业"债务处置方式并不只是会计处理方式,而是建立在相关机制之上的一系列合理安排的统称,对此应有正确理解。

第一,"僵尸企业"债务处置包括两种情景。第一种情景是通过适宜的债务处置方式,激活企业有效资产,优化资源配置,在约束条件下争取最大收益,并将相关收益在债权人及第三方、债务人及其他关联人、政府之间合理分配。第二种情景是通过适宜的债务处置方式,在约束条件下争取以最少成本实现市场出清,并将债务及相关成本在债权人及第三方、债务人及其他关联人、政府之间合理分配。这两种情景分别适用于不同的企业类型、不同的债务形成原因等,但政府不宜划定标准来规定哪些企业适宜哪种情景,而要在相关机制下由各相关主体平等协商确立。

第二,"僵尸企业"债务处置要包括两种机制。从本质上讲,"僵尸企业"的债务处置就是要"清算旧账",基于我国"僵尸企业"形成的实际情况,首先要明确的是,各方主体或多或少都负有相关责任,不能因为明面合同上没有规定责任就逃避原本的隐性责任。因而,无论是要重新激活还是要出清处置,适宜的债务处置方式实际上都要求有合理的分享分担机制。在理论的理想状况下,包括政府在内的相关参与方应根据"市场规则"来获取收益和承担成本,即按照《公司法》规定以折算的"出资份额"为限分享收益和承担成本。然而,我国"僵尸企业"的形成有多种原因,包括历史的、体制的、政策性复杂因素,在很多情况下,我们很难客观精准地计算清楚政府(及相关政策)应该折算成多少份额,进而分享多少收益和承担多少成本。因而,"僵尸企业"的债务处置方式中还要有平等协商或谈判机制,只有通过平等协商和谈判,才能更好地达到"均衡价格",实现合理的、各方均可接受的分享分担结果。

第三,债务处置方式可划分为两大类型。具体到债务处置方式,按照不同标准可以分为不同类型。从企业角度看主要有兼并重组、破产重整和破产清算等方式,而对应到银行等债权人上就是资产处置,主要有债转股、债务批量转让、减免核销不良贷款等方式。我们按照处置的结果来划分,一类是债务存续,即由另一主体作为新的债务人采用适宜方式将"僵尸企业"的债务承接过去,以新的债权债务关系代替旧的,原来的债权债务关系以新的形式继续存续,主要包括兼并重组、债务转让等;另一类是债务消灭,即采用适宜方式将其债务消除,债权债务关系就此结束或者转为非债权债务关系,主要包括破产清算、债转股等。① 如前所述,无论是债务存续还是债务消亡的处置方式,都要建立合理的分享分担机制、平等协商谈判机制,来确保债务处置高效公平。

综上所述,探索"僵尸企业"的适宜债务方式就是要分不同情境、构建合理分享分担机制和平等协商谈判机制、采取适宜具

---

① 实际上,"僵尸企业"的债务处置方式对应到债权方就是资产处置方式,有研究者按照债权人在处置上是否终止将其分为终极处置和阶段性处置:终极处置主要包括破产清算、拍卖、招标、协议转让、折扣变现等方式,阶段性处置主要包括债转股、债务重组、诉讼及诉讼保全、以资抵债、资产置换、企业重组、实物资产再投资完善、实物资产出租、资产重组、实物资产投资等方式。这种分类与债务存续和债务消亡的分类有类似的地方,但也有差异,如债转股是债务消亡,但对债权人来说仍不算是终极处置,还存在较大关联。

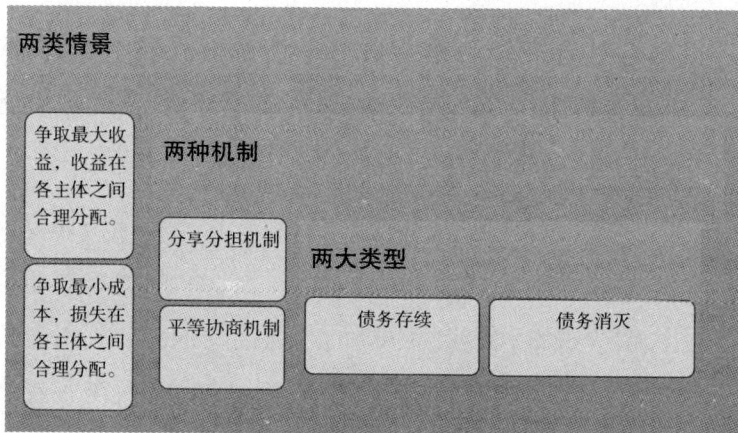

图 2-2-1　债务处置方式的理论内涵

体处置方式的全过程。两类情景要根据具体企业实际情况而定,两种机制是贯穿债务处置过程的制度体系,而两大类型则根据具体债务处置方式进行区分。其中,分享分担机制和平等协商谈判机制就是在法治框架内、遵循市场规则的机制,而对于具体处置方式的选择和创新则应通过法律法规和政策予以引导。

二、具体债务处置方式的适用情况及问题分析

具体债务处置方式主要包括兼并重组、债务重组、破产清算、破产重整、和解以及债转股、资产证券化等更加具体的处置方式。债转股、资产证券化等方式可能在前面处置方式中有所应用,比如债务重组、破产重整中都可能会有债转股和减免核销的处置方式。以下我们分别对这些处置方式予以阐述分析,主要是理清楚适用情况及可能带来的问题。

（一）兼并重组

兼并重组是指在企业竞争中,部分企业因为某些原因无法继续正常运行,考虑到员工等各方面利益,按照一定程序进行企业兼并和股权转让,从而实现企业转型,达到企业重组的目的。兼并重组这种更加市场化的债务处置方式多运用于相对较好的企业,对有品牌、有市场,但无规模、负担过重的企业,实施资产债务重组,通过增资减债、同类同质企业兼并重组、引入社会资本实行产权多元化改革等手段推进企业重新发展。从债务处置角度看,兼并重组使债权债务关系由原企业转移到了新的兼并主体,债务并未消失,而是由新主体承担。

专栏 2-2-1　企业兼并重组的主要形式

1. 承担债务式:兼并方承担被兼并方的全部债权债务,接收被兼并方全部资产,安置被兼并方全部职工,从而成为被兼并企业的出资者;

2. 出资购买式:兼并方出资购买被兼并方的全部资产;

3. 控股式:兼并方通过收购或资产转换等方式,取得被兼并企业的控股权;

4. 授权经营式:被兼并方的出资者将被兼并企业全部资产授权给兼并方经营;

5. 合并式:两个或两个以上企业通过签订协议实现合并,组成一个新的企业。

在当前去产能过程中,兼并重组能够最大限度地激活利用存量资源,不仅可以降低就业压力、减少社会损失,还可以加速生产要素向新增产业转移,对于供给结构升级是效率最高的模式,属于政策大力鼓励的处置方式。然而,在具体实践中兼并重组的推进并不顺利,主要在于兼并主体的意愿不强、动力不足。一方面,"僵尸企业"本身的资产状况较差,对兼并主体而言,很难获得有价值的新资产,作为理性的投资人往往会望而却步;另一方面,"僵尸企业"的企业文化难以短期内与兼并主体的企业文化融合,增加了管理难度,也使兼并主体担忧未来的经营管理情况。

(二)债务重组

债务重组是指债权人按照其与债务人达成的协议或法院的裁决同意债务人修改债务条件的事项,也就是说,只要修改了原定债务偿还条件的,即债务重组时确定的债务偿还条件不同于原协议的,都可叫作债务重组。债务重组并非严格意义上的法定概念,而是一种约定俗成的统称。债务重组通常是在债务人面临重大财务危机、陷入生存困难,不能清偿到期债务或者明显缺乏清偿能力等情况下适用。但具体程序并无法定,是各相关方自行谈判的结果。

具体债务重组方式也多种多样,主要有四大类方式:一是以低于债务账面价值的现金清偿债务。债务人应当在满足金融负债终止确认条件时,终止确认重组债务,并将重组债务的账面价值与实际支付现金之间的差额,计入当期损益(营业外收入)。

二是以资产清偿方式进行的重组,是债权人与债务人变更债权、债务合同并依约履行的行为。三是以债权转股权方式进行的重组,将债权人与债务人之间的债权、债务合同关系转变为股权投资关系。四是以修改债务条件方式进行的重组,则是对债权人与债务人原有合同项下权利义务的变更,如债权人同意债务人延长债务偿还期限、同意延长债务偿还期限但要加收利息、同意延长债务偿还期限并减少债务本金或债务利息等。此外,从债权人角度看,债务重组本质上就是要盘活不良资产,自身也可以采取批量转让不良资产①、减免核销等多种手段,对应到债务人来说就是一种债务重组。

专栏 2-2-2　债务重组的主要形式

1. 以低于债务账面价值的现金清偿债务;

2. 以非现金资产清偿债务;

3. 债务转为资本即债转股;

4. 修改其他债务条件。

其中前三种属于即期清偿债务,后一种属于延期清偿债务。

债务重组本质上是债权人及相关方主动承担一部分责任,最大限度减少可能遭到的损失。债务重组体现为双方当事人之

---

① 不得进行批量转让的资产包括:债务人或担保人为国家机关的资产;经国务院批准列入全国企业政策性关闭破产计划的资产;国防军工等涉及国家安全和敏感信息的资产;个人贷款(包括向个人发放的购房贷款、购车贷款、教育助学贷款、信用卡透支、其他消费贷款等以个人为借款主体的各类贷款);在借款合同或担保合同中有限制转让条款的资产;国家法律法规限制转让的其他资产。

间的谈判与协议的过程,法律干预程度较低,与破产程序的“法定准则”及“司法主导”两大特征形成鲜明对比。然而,问题在于,因为是基于各方自愿协商,也就不存在司法保护的情形,在重组过程中无法有效阻止司法冻结和法院执行。这就可能带来债务人特别是“僵尸企业”借此逃废债务等问题,最终使债务重组失败。

(三)破产清算

破产清算是指企业法人不能清偿到期债务,并且资产不足以清偿全部债务或者明显缺乏清偿能力的,依照《破产法》按程序实施破产清算,由法院强制执行其全部财产,按照偿还顺序,公平清偿全体债权人。破产清算在现代市场经济中非常常见,是市场机制优胜劣汰的正常表现,主要适用于那些非持续经营,或没有市场、缺乏竞争力、抵御风险能力差、长期亏损的企业。

专栏 2-2-3 破产清算的受理程序

1. 成立清算组。法院应当自宣告债务企业破产之日起15日内成立清算组,接管破产企业。清算组由法院从公司的主管部门、政府有关部门和专业人员中指定,也可以聘请中国注册会计师和律师参加。清算组负责破产财产的保管、清理、估价、处理和分配。清算组应对人民法院负责并报告工作,接受法院的监督。我国《公司法》规定,清算组在清算期间行使下列职权:

(1)清理公司财产,分别编制资产负债表和财产清单;

(2)通知或者公告债权人;

（3）处理与清算有关的公司未了结的业务；

（4）清缴所欠税款；

（5）清理债权、债务；

（6）处理公司清偿债务后的剩余财产；

（7）代表公司参与民事诉讼活动。

2. 通知债权人申报债权。清算组应当自成立之日起 10 日内通知债权人，并于 60 日内在报纸上至少公告三次，公告和通知中应当规定第一次债权人会议召开的日期。

3. 召开债权人会议。所有债权人均为债权人会议成员。第一次债权人会议由人民法院召集，应当在债权申请期限届满后 15 日内召开。以后的债权人会议在人民法院或者会议主席认为必要时召开，也可以在清算组或占无财产担保债权总额的 1/4 以上的债权人要求时召开。

4. 确认破产财产。破产财产是指用以清偿债务的全部财产，主要包括：

（1）宣告破产时破产企业经营管理的全部财产；

（2）破产企业在破产宣告后至破产程序终结前所取得的财产；

（3）应当由破产企业行使的其他财产权利。已作为担保物所担保的债务数额，超过部分属于破产财产。破产企业内属于他人的财产，应由该财产的权利人通过清算组取回。

5. 确认破产债权。破产债权是指宣告破产前就已成立的、对破产人发生的、依法申报确认并从破产财产中获得公开清偿的可强制性执行的财产请求权。主要包括：

（1）宣告破产前成立的无财产担保的债权和放弃优先受偿权利的有财产担保的债权；

（2）宣告破产时未到期的债权，视为已到期债权，但是应当减去到期日的利息；

（3）宣告破产前成立的有关财产担保的债权，债权人享有就该担保物优先受偿的权利。如果该项债权数额超过担保物的价款的，未受清偿的部分作为破产债权。债权人参加破产程序的费用不得作为破产债权。

6.拨付破产费用。破产费用是指在破产程序中为破产债权人的共同利益而由破产财产中支付的费用，主要包括：

（1）破产财产的管理、变卖和分配所需要的费用，包括聘任工作人员的费用；

（2）破产案件的诉讼费用；

（3）为债权人的共同利益而在破产程序中支付的其他费用。破产费用应当从破产财产中优先拨付。

7.破产财产清偿顺序。破产财产在优先拨付破产费用后，按照下列顺序清偿：

（1）破产企业所欠职工工资和劳动保险费用；

（2）破产企业所欠税款；

（3）破产债权。

破产财产不足清偿同一顺序的清偿要求的，按照比例分配。

有些国家（如美国），在法律中规定了详细的债权清偿等级，受有效抵押权所担保的债权，将在作为其担保物的财产变卖所得价款范围内首先获得清偿。如果所得价款不足以清偿有财产担保债权人的债权,不足金额作为无担保非优先债权,或一般无担保债权。无担保债权分为优先和非优先二级。无担保优先债权应在支付无担保非优先债权之前全数清偿。无担保优先债权共分六级,第一级债权(管理费用)应在支付第二级债权之前全数偿还,并以此类推。然而,在这六级中,任何一级可用的现金不足以支付该级的所有债权,则按比例清偿。无担保非优先债权也应按相同的现金分配程序清偿。只有在所有债权人的债权均受清偿之后才能分配给股东(所有者)。

8.破产清算的结束。经过上述破产清算程序后,清算组应当编制破产清算结束报告,并出具清算期内的各种报表连同各种财务账册,经中国注册会计师验证后,报授权部门审批。经批准后再向工商行政管理部门和税务部门注销登记并公告公司终止。

在当前去产能过程中,对部分企业实施破产清算非常必要,特别是对于基本没有价值的"僵尸企业"要果断进行破产清算,消灭现有债权债务关系,彻底清退出市场,有利于促进市场出清、优化资源配置。《国务院关于积极稳妥降低企业杠杆率的意见》(国发〔2016〕54号)明确指出,对于扭亏无望、已失去生存发展前景的"僵尸企业",要破除障碍,依司法程序进行破产清算,全面清查破产企业财产,清偿破产企业债务并注销破产企业法人资格,妥善安置人员。

然而,采取破产清算的债务处置方式在实际运用中存在一些问题。一是破产清算将企业员工抛向市场,易带来社会稳定问题。尽管我国《企业破产法》第六条规定,"人民法院审理破产案件,应当依法保障企业职工的合法权益,依法追究破产企业经营管理人员的法律责任"。但破产本身对于破产企业员工安置问题所涉不多,如果大量"僵尸企业"采用破产清算方式,虽然市场出清程度会比较高,但因员工安置问题带来的社会代价却也较大。二是债权利益确认受损,可能带来国有资产流失等相关问题。破产清算一般是资不抵债,债权人将因此确认部分甚至全部损失。当前"僵尸企业"有不少是国有企业,债权人也多为国有商业银行,实施破产清算可能会带来国有资产流失的问题,对银行坏账率也带来较大压力。三是目前破产清算司法程序较长,法院在审理企业破产案件时,从受理立案,到成立清算组,到债权分配执行,通常需要一两年时间,这是一个周期较长的过程。如此长周期的程序显然难以很好应对我国当前的去产能任务,也不利于市场快速出清到位。中央要求处置"僵尸企业"要"少破产清算",正是基于对上述问题的考虑。

(四)破产重整

破产重整是企业破产法的一项制度,是指不对破产企业立即进行清算,在法院主持下由债务人与债权人达成协议,制定重整计划,规定在一定期限内,债务人按一定方式全部或部分偿清债务,同时债务人可以继续经营其业务。主要针对可能或已经具备破产条件但又有维持价值和再生希望的企业。主要过程是:经由各方利害关系人申请,在法院的主持和利害关系人的参与下,进行业务上的重组和债务调整,以帮助债务人摆脱财务困境、恢复营业能力。

　　破产重整制度作为公司破产制度的重要组成部分,已为多数市场经济国家所采用,对于弥补破产和解、破产清算制度的不足,防范大公司破产带来的社会问题,具有不可替代的作用。在当前去杠杆去产能过程中,对于那些工艺性技术较为先进、市场前景较好,但目前资不抵债的困难企业,可通过依法破产重整,全面清理企业资产、债务、人员,积极引入战略投资者,合理调整股权结构,以期摆脱财务困境,重获经营能力。

　　从债务处置角度来看,破产重整可能涉及多种具体处置方式,包括延期还债、债务削减、向特定对象定向发行新股或公司债券、转让资产、债权转为股权等等,债务人可以灵活运用重整程序允许的多种措施达到恢复经营能力、清偿债务、重组再生的目的。这样既减少了债权人因债务企业破产带来的损失,也减轻因破产导致大量员工失业的社会成本。因而,债务重整的结果可能是债务存续,也可能是债务消亡,不过多数情况是债务存续。

　　然而,在实际运作中,部分企业重整动机不强,容易借破产重整让债权人承担有失公平的风险。重整程序启动意味着有担保物权的债权人在内的所有债权人诉讼和要求都将被自动冻结,而债务人企业的管理层也可能被选为重整人,继续控制企业,继续经营,如他们并不想挽救该企业,则可能会趁机剥离优良资产转移到法律上没有关系的暗公司,或者以获得重整资金的名义低价转让给关联企业,如果对重整计划执行的监督不力,对重整债权人的实体权利和程序权利保护不到位,重整程序就很有可能成为债务人企业逃避债务、拖欠债务的法律工具。而且目前在部分项目债务处置过程中,破产重整程序运行不规范,未能充分引进社会投资人发掘和提升资产重组价值,名为重整,最终成为清算,债权人实际上承担了重整企业逃废债务或者重整失败的风险负担,这对债权人有失公平。同时,地方政府为防止企业破产带来大量失业等问题,即使那些没有重生希望的企业,也有较大动机鼓励企业进行破产重整。这就带来较大的道德风险,增大了债权人的损失可能。

(五)破产和解

和解是指在人民法院受理破产案件后,在破产程序终结前,债务人与债权人之间就延期偿还和减免债务问题达成协议,中止破产程序的一种方法。这是企业破产法规定的一种法律制度,也是债务处置的一种常见方式。依照和解程序,通过当事人协商,达成关于债务延缓、债务削减以及其他清偿方式的妥协,可能使债务人免于破产倒闭的结局。采用这种处置方式不仅有利于化解矛盾、维护社会和谐稳定,而且可以缩短处置周期、加快投资资金的回收进度。《国务院关于积极稳妥降低企业杠杆率的意见》(国发〔2016〕54 号)提出,鼓励企业与债权人依据破产和解程序达成和解协议,实施和解。

和解的基本目标是预防破产(避免破产宣告或破产清偿),克服破产制度无法免除的缺陷,将清偿债务与债权妥协相结合,将保护债权人与维持债务人资产利益相结合,实现债权利益的最大化。作为温和的偿债方式,和解制度提供了一种通过债权妥协的程序机制,给债务人创造了复苏的机会和条件,有可能运用债务人的有限财产最大限度地清偿债务,减少社会资源的损失与浪费。从债务处置看,债务延缓、削减及其他方式处置可能使债务存续,也可能让债务就此消亡,取决于相关利益人的和解协议。然而,和解以债权人的自愿忍让为条件,如果和解方案不能给债权人带来比清算分配更大的好处,债权人不会作出自愿忍让。这种好处不仅是指超过清算分配的债务清偿额,还应当足以抵消债权人因延迟清偿及其他协议方式而承担的风险和损失。在"僵尸企业"债务处置中,债权人可能会对债务人的未来偿付能力缺乏信心,和解方案可能较难达成。同时,"僵尸企业"以及地方政府可能具有较大动力进行"恶意和解",延缓债务清偿,给债权人带来较大损失。

具体的和解处置方式的表现形式多种多样,以有抵押物的债权为例,在债务人具有一定清偿能力时,可以在债务人按和解协议履行全部义务后,债权人对抵押物进行涂销,等于将抵押物还给债务人;在债务人清偿能力较差时,可以采用实现抵押的方式和解,对抵押物处置后,债权人可免除债务人剩余债务(或向债务人支付一定的对价)。

(六)债转股

债转股,顾名思义即将债权转化为股权,使得企业的债务减少,注册资本增加,原债权人不再对企业享有债权,而是成为企业的股东,原来的还本付息就转变为按股分红,并且通过行使股东权利,介入企业经营管理活动。这种处置显然是对原有债权债务关系的终结,转为股东关系。

具体到我国实践,早在 20 世纪 90 年代我国就曾实施过债转股,不过当时主要是政策性债转股,转股企业、转股的债权以及实施机构主要由政府确定,债转股涉及的资金也由政府从多个渠道筹集。因而,可以说,上次债转股实际上是一种战略调整,从银行剥离了大量不良资产,让他们轻装上阵。而本轮债转股最突出的特点就是市场化、法治化:债转股企业转股的债权、转股的价格、实施机构不由政府确定,而由市场主体自主协商确定;债转股的资金筹措也以市场化方式筹措为主,各相关市场主体自主决策、自担风险、自享收益。在债转股过程中,政府不承担损失的兜底责任,不能确定具体转股企业搞"拉郎配",不得强行要求银行开展债转股,不得指定转股债权,不得干预债转股定价和条件设定,不得妨碍转股股东行使股东权利,不得干预债转股企业日常经营。

在上述约束条件下,本轮债转股的实际适用范围是那些发展前景好、产业方向好、信用状况好,只是出现暂时困难的企业。重点鼓励对象包括因行业周期性波动导致困难但仍有望逆转的企业;因高负债而财务负担过重的成长型企业,特别是战略性新兴产业领域的成长型企业;高负债居于产能过剩行业前列的关键性企业以及关系国家安全的战略性企业。而已失去生存发展前景扭亏无望的"僵尸企业"、有恶意逃废债行为的企业、债权债务关系复杂且不明晰的企业、有可能助长过剩产能扩张和增加库存的企业将严禁实施债转股。因而,原则上讲,"僵尸企业"的债务处置基本无法采用债转股方式。不过考虑到不少

"僵尸企业"背后都有母集团公司,也就可以从母集团公司角度对该"僵尸企业"采取债转股方式对债务进行处置。具体操作依然依照市场化、法治化原则进行。通过债转股能够有效降低银行不良贷款率,同时帮助企业去杠杆,减轻经营压力。

尽管本轮债转股坚持市场化、法治化原则,但仍可能会带来一些问题。比如,考虑到维持自身发展、维护经济增长、就业和社会稳定等因素,"僵尸企业"和地方政府都有强烈的"过度"推行债转股的动机,企业可能会通过美化报表来争取债转股机会,或是通过其他途径确保自己能够债转股时通过丑化报表来逃债,这种情况在我国的体制环境下是很有可能发生的,道德风险较大。再如,本轮债转股并不像上轮那样对银行进行不良资产剥离,银行通过成立机构对债务企业实施债转股后,需深度介入企业经营管理活动。一方面,银行因债权终止,当期利息收入减少,影响当期净利润、所有者权益及总资产;另一方面,和债权相比,股权资产 400% 的风险权重会对资本充足率带来影响。

(七)不良资产证券化

从内涵上看,不良资产证券化就是资产拥有者将一部分流动性较差的资产经过一定的组合,使这组资产具有比较稳定的现金流,再经过提高信用,从而转换为在金融市场上流动的证券的一项技术和过程。在我国去产能过程中"僵尸企业"形成的债务通常也构成了商业银行的不良资产,因而"僵尸企业"的债务处置方式也包括不良资产证券化方式。

资产证券化的一个重要作用在于规避风险,增加资产的流动性,释放资本,以从事具有更高边际收益的项目。不良资产证券化有利于提高商业银行资产的流动性,在不增加负债的前提下,商业银行可以获得一个资金来源,能够加快银行资产的周转,提高资产的流动性。同时,不良资产证券化有利于提高商业银行资本充足率,将高风险权重的不良资产,变为风险权重相对较低的证券,一定程度上能够减少风险资产的比例。

从可行性上看,资产证券化的基础资产是一个资产池,即由一组资产汇集而成的资产集合体。虽然单笔资产的质量是整个资产池质量的基础,但是通过采取信用增级的手段,可以使整个资产池的信用级别高于单个资产的简单平均。与一般的信贷证券化产品相比,不良资产证券化产品通常折扣率较低,仅分为优先档和劣后档,且劣后档占比较高,信息披露要求较高,且通常会对底层资产设置较高担保,为后期通过资产处置回收本金提供了较好的基础。因而,采取证券化方式处置不良资产是不少商业银行的重要选择。

然而,在具体执行过程中,不良资产支持证券的现金流主要依赖于不良贷款处置带来的回收款,而我国在"僵尸企业"处置中回收概率可能不高。一是当前经济仍处于下行期,不良资产发生面较大,回收难度加大;二是我国"僵尸企业"集中在钢铁、煤炭、煤电等若干过剩行业,集中度较高容易拉低回收概率;三是司法环境及拍卖市场不够成熟完善也影响抵质押物的及时处置。因而,将资产证券化作为"僵尸企业"债务处置方式时,债权人应慎重考虑这些因素。

表 2-2-1 具体债务处置方式比较分析

处置方式	内涵	应用情景	利处或优势	弊处或问题
兼并重组	注资、战略调整，债权债务关系转移给新主体	用于情况相对较好的企业，特别是有品牌、有市场，但无规模、负担过重的企业	市场化操作，最大限度地激活利用存量资源，降低就业压力、加速生产要素向新增产业转移	"僵尸企业"资产质量较差、债务负担重，兼并主体的意愿不强、动力不足
债务重组	约定俗成的叫法，对债务作出重新安排，修改偿还条件。形式多样	面临重大财务危机，不能清偿到期债务或者明显缺乏清偿能力等企业	形式多样，责任共担	无法有效防止司法冻结，可能造成债务人借此逃废债，导致重组失败
破产清算	消灭现有债权债务关系，彻底清退出市场，依《破产法》按程序实施，按照偿还顺序，公平清偿全体债权人	资不抵债、挽救无望的企业	促进市场出清、优化资源配置	将企业员工抛向市场易带来社会稳定问题；债权利益确认受损可能带来国有资产流失等相关问题。破产清算司法程序耗时长影响效率
破产重整	在法院的主持和利害关系人的参与下，进行业务上的重组和债务调整，以帮助债务人摆脱财务困境、恢复营业能力	可能或已经具备破产条件但又有维持价值和再生希望的企业	多种具体处置方式，盘活存量资源，维持就业稳定	借破产重整让债权人承担有失公平的风险；引发地方政府道德风险，本应清算却采取重整
和解	依照法律程序，协商达成关于债务延缓、削减以及其他清偿方式的妥协，使债务人免于破产倒闭	可能或已经具备破产条件但各方有意愿协商解决的情景	化解矛盾维护社会和谐稳定；缩短处置周期加快投资资金的回收进度	对债务人偿付能力缺乏信心，方案较难达成。易引发道德风险，"恶意和解"，给债权人带来较大损失
债转股	将债权转化为股权	那些发展前景好、产业方向好、信用状况好，只是出现暂时困难的企业	降低银行不良贷款率，同时帮助企业去杠杆、减轻经营压力，维持就业稳定	"僵尸企业"和地方政府都有强烈的"过度"推行债转股的动机

续表

处置方式	内涵	应用情景	利处或优势	弊处或问题
不良资产证券化	组合资产,使其具有比较稳定的现金流,转换为在金融市场流通的证券	各方协商愿意剥离不良资产来处置债权债务关系的情景	提升银行资产流动性和资本充足率。产品通常折扣率较低;信息披露要求较高,且对底层资产会设置较高担保	"僵尸企业"处置中回收概率不高,司法环境及拍卖市场不够成熟完善,影响抵质押物的及时处置

总体来看,在处置"僵尸企业"过程中,应根据实际情况,认真权衡债务处置方式的利弊,寻找更适宜的处置方式。

三、探索"僵尸企业"债务有效处置方式的政策思路

积极探索"僵尸企业"债务处置方式时,政府应积极发挥有效作用,出台相关政策作出正确引导和支持。要坚决守住稳定底线,强化引导公平公正,鼓励大胆创新和突破,依照分类树立典型案例为债务处置做好示范,同时及时出台并落实相关配套支持措施。

(一)守住稳定底线

稳定是大局,要坚持底线思维,牢牢守住保持社会和谐稳定的底线。处置方式适宜与否的首条判断标准就是,有没有可能造成系统性社会风险,其中的关键环节在于,债权人和债务人之间的利益纠纷、原企业职工的安置问题等。在"僵尸企业"债务处置中,无论采取何种处置方式都要保证利益纠纷和职工安置问题得到妥善解决。要"多兼并重组、少破产清算",更多发挥

企业的主体作用,调动企业积极性。同时,财政应适时对特殊类型的债务处置进行兜底,强化就业困难职工托底帮扶,及时拨付和用好中央财政专项奖补资金,确保分流职工就业有出路、生活有保障。要清楚认识到,既要防范因财政兜底带来道德风险,更要严密防止发生社会风险。

(二)引导公平公正

"僵尸企业"形成原因多种多样,债务处置应在原因基础上公平公正选择处置方式,对此应出台指导意见予以明确,防止各地急于完成任务而采取"一刀切"的简单粗暴方式,损害公平正义和政府公信力。基本的思路是,建立债委会及相关机制,在平等协商基础上各利益方(包括政府)对债务处置结果进行分享和分担。其中,对于市场自身的优胜劣汰结果,应依照市场化、法治化规则处置,在相关法律法规框架下,所涉相关问题由债权债务双方自行妥善解决,可以采取多种多样的债务处置方式;对于包含历史政策因素的,要在分享分担机制中考虑这些非市场因素,通过平等协商谈判机制得到公平结果,政府在其中要有担当,该兜底要兜底、该补偿要补偿,避免把糊涂账拖到将来;对于本轮政策性行政性去产能的,可以考虑对特定企业给予一次性政策,但要设定严格标准和条件并严格执行,保证程序公平公正、公开透明,避免带来道德风险,影响未来的政策预期。

(三)鼓励创新突破

债务处置方式多种多样,在债务处置中,既可以从常用的处置方式中进行选择,也可以对常用的处置方式进行组合应用,更可以基于实际情况探索适应新形势新情况的全新处置方式。与正常企业相比,“僵尸企业”具有一定特殊性,正常企业的债务处置方式可能适用、也可能不适用,还可能在一定条件下才适用于“僵尸企业”。同时,对待不同类型的“僵尸企业”,债务处置也因类施策,哪种方式更有效、利处更大而弊处更小,就采用哪种方式。要出台指导意见鼓励债务处置方式的创新探索,鼓励各地以市场化、法治化为准绳,以实际效果为目标进行大胆创新,鼓励在程序严密的调节下突破现有制度和政策框架。

(四)分类典型示范

我国“僵尸企业”类型多样,对其债务处置要细致分类,根据企业和债务的具体情况采取适宜方式,实现最佳收益或最小成本。在处置策略上应注重树立典型案例,将相关原则、思路和具体方式等贯彻其中,发挥示范效应。建议分为以下类别,对于每一类型的“僵尸企业”,尽快推出一些典型案例,为该类型债务处置作出示范,做好宣传引导工作。

第一类是“扶持类”。有相当一部分“僵尸企业”,在产品、技术、管理或市场等一个或多个方面仍然具有较大潜力或者更强的竞争力,目前只是暂时碰到经营困难。对于这样的企业,可以通过兼并重组、债转股等方式,让企业重新焕发活力,渡过短期难关,回归可持续增长。鼓励优势企业按照市场化原则加大兼并重组力度,推动钢铁行业跨地区、跨所有制的兼并重组,鼓励煤矿之间通过兼并重组、减量置换和产能指标交易等市场化方式,加快淘汰落后产能,积极培育和发展先进产能。

第二类是"挽救类"。虽然陷入较大困境,但仍有希望重生,或者企业倒下带来的连环反应较大,这种情况可采取债务重组、破产重整、和解等多种方式,积极推动企业"起死回生"。

第三类是"退出类"。针对不符合经济结构调整方向、扭亏无望、已失去生存发展前景的"僵尸企业",要及时破产清算,"救人不救企业",考虑建立一个"僵尸企业"处置基金,让失去工作的劳动者得到安置,有生活保障。

(五)配套支持措施

债务处置方式也会因配套支持政策情况而起到不同效果。要瞄准债务处置过程中的痛点、难点以及可能的风险漏洞,及时出台配套支持措施,切实落实到位,推动债务处置顺利进行。主要包括:

一是完善破产清算制度。要完善破产清算制度,健全破产管理人制度,加快研究建立关联企业合并破产制度。同时,细化工作流程规则,切实解决破产程序中的违法执行问题。支持法院建立专门清算与破产审判庭,强化破产司法能力建设。规范和引导律师事务所、会计师事务所等中介机构依法履职,增强破产清算服务能力。政府与法院依法依规加强企业破产工作沟通协调,解决破产程序启动难问题,做好破产企业职工安置和权益保障、企业互保联保和民间融资风险化解、维护社会稳定等各方面工作。加快完善清算后工商登记注销等配套政策。

二是落实财税支持政策。落实并完善企业兼并重组、破产清算、资产证券化、债转股和银行不良资产核销等相关税收政策。根据实际情况需要,采取适当财政支持方式激励引导。

三是提高银行不良资产核销和处置能力。拓宽不良资产市场转让渠道,探索扩大银行不良资产受让主体,强化不良资产处置市场竞争。加大力度落实不良资产转让政策,支持银行向金融资产管理公司打包转让不良资产。推动银行不良资产证券化。多渠道补充银行核心和非核心资本,提高损失吸收能力。

四是稳妥做好职工分流安置工作。充分发挥企业主体作用,多措并举做好职工安置工作。对不裁员或少裁员的企业,按规定由失业保险实施稳岗补贴政策。依法妥善处理职工劳动关系,稳妥接续社会保险关系,按规定落实社会保险待遇。积极做好再就业帮扶,落实就业扶持政策,加大职业培训力度,提供公共就业服务,对就业困难人员按规定实施公益性岗位托底安置。

五是严密监测和有效防范风险。加强政策协调,强化信息沟通与研判预警,提高防范风险的预见性、有效性,严密监控债务处置过程中可能出现的风险,防止风险跨市场传染。填补监管空白与漏洞,实现监管全覆盖,完善风险处置预案,严守不发生系统性风险的底线。

专题报告三　"僵尸企业"债务处置方式国内外经验

之一　韩国产能过剩行业企业债务处置经验与借鉴

一、韩国企业债务的形成背景

1997 年亚洲金融危机爆发后,韩国金融风险不断积累。从历史上看,韩国经济由少数几家大型集团公司(财阀)垄断,政府与财阀间存在密切关系,财阀在众多行业享有政府颁发的许可证,处于行业垄断地位,生产经营活动受政府指令干预。同时,韩国金融体系发展一直较为滞后,银行某种程度上是为财阀提供信贷的附属物,各主要银行对应服务于某个大型财阀,存在大量指令贷款。在同一集团内部,控股子公司以抵押贷款形式通过复杂的交叉担保网络获取银行贷款,持股公司法人治理结构缺失。1997 年,韩国的石油冶炼及石油制品、芯片制造、汽车组装以及机械制造等资本密集型行业,出现了大面积产能过剩问题。大型财阀在上述行业竞争日益加剧,企业的利润率和资本收益率下滑严重,贷款规模迅速扩张。1997 年年末,韩国规模最大前五家财阀的资产负债率平均高达 82%,许多中等规模财阀的资产负债率甚至超过 83%(韩国金融监督委员会,1999)。

1997 年,为了抵御汇率贬值压力,韩国央行将利率提升到

30%,很多财阀的现金流无法偿付债务,其中中等规模财阀的平均偿债覆盖率(Debt Service Coverage Ratio)已低于100%,资产负债率仍快速攀升,实质上已资不抵债。1997—1998年间,包括韩宝钢铁和起亚集团在内的13家大型集团公司面临破产。集团公司内部的交叉担保导致优质资产与不良资产无法区分,加大了企业债务处置的难度。例如,起亚集团下的起亚汽车盈利良好,而起亚钢铁亏损严重,最终导致起亚集团整体陷入破产。

表 2-3-1   1998 年韩国产能过剩行业的主要特点

行业	行业发展趋势	企业经营特点
家用电器	➤ 国内与国际需求回落; ➤ 产能利用率明显下降	➤ 生产线收缩; ➤ 人员流失; ➤ 中小企业破产
电子零配件	➤ 国内与国际需求回落; ➤ 产能利用率下降; ➤ 进口原材料价格提高导致生产成本上涨	➤ 固定资产投资快速下降; ➤ 中小企业退出
发动机	➤ 各类企业销售额大幅下降(除紧凑型轿车外); ➤ 产能利用率下降至40%; ➤ 汽车零配件企业破产引发生产链断裂	➤ 企业信用恶化; ➤ 人员大幅流失; ➤ 员工诉讼频发
机械制造	➤ 制造业投资回落导致需求下降; ➤ 亚洲市场出口需求不振; ➤ 产能利用率下降至60%	➤ 企业资产难以出售; ➤ 企业大面积破产倒闭
钢铁	➤ 出口需求回落,国内需求不振; ➤ 产能利用率下降至60%; ➤ 企业破产处置进展缓慢,加剧市场扭曲	➤ 大部分企业经盈亏损; ➤ 企业融资困难
纺织	➤ 行业低价竞争,形成恶性循环; ➤ 产能利用率下降至50%	➤ 销售额大幅下降; ➤ 恶性竞争导致企业利润下降,波及健康企业

续表

行业	行业发展趋势	企业经营特点
建筑	➢ 企业投资回落导致需求下降； ➢ 财政赤字导致公共支出下降	➢ 大规模破产重组和裁员； ➢ 约占30%的建筑业企业亏损

资料来源：Choi(1998)。

二、韩国政府对困难企业的整体解决方案

1997年底，韩国政府对中等规模的产业集团出台了紧急救助政策，主要是召集债权人银行，要求银行继续为经营困难企业提供更多信贷支持。随着银行不良贷款问题不断升级，实体经济危机逐渐向金融体系蔓延，韩国政府意识到化解金融体系风险的根源在于解决企业债务问题，需要建立系统性企业债务处置机制。金融部门债务方面，韩国政府在1997年成立了韩国资产管理公司(Korea Asset Management Corporation，KAMCO)，用于处置银行部门不良资产。非金融部门债务方面，韩国政府综合采取了多种债务处置方法，其基本原则是在减少破产清算前提下，解决企业的债务率过高问题，主要做法是对困难企业区分情况，差别处理。

对于部分负债率居高不下、扭亏无望、已失去生存发展前景的企业，政府要求这些企业立即进入司法破产程序。1997年，韩国共有13家财阀按照司法程序进行破产清算，资产共计46万亿韩元，债务共计28万亿韩元。而对于具有市场发展前景和存活可能性的企业，则根据资产规模的不同，采取下述三种方式开展庭外重组：

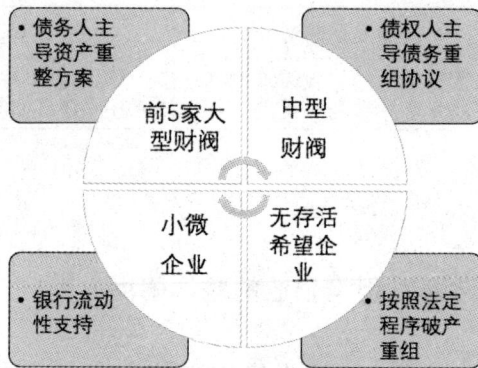

图 2-3-1　韩国政府对困难企业的差别化解决方案

　　第一,对资产规模最大的前 5 家即第一梯队财阀,包括现代、三星、大宇、SK 和 LG 集团,由于这 5 家大型财阀具备一定自我消化损失的能力,政府要求首先由企业进行自我主导式重组。5 家财阀被要求限期提交资产重整方案(Capital Structure Improvement Plans,CSIPs),由企业自身推动完成重整。每家集团的主要债权银行和韩国金融监管委员会负责对企业重整方案进行评估,最终提交总统办公室,企业需每季度汇报重整进度。

　　资产重组计划的内容涉及:降低债务和增加资本,如企业所有者注入新资金,在国内和国外市场募集资本,以及资产出售等,在 3 年内将资产负债率降至 66.7% 以下。政府要求 5 家大型财阀强化核心业务,关闭与主营业务无关的子公司,禁止一切形式的集团内部交叉担保,从而将集团内部经营前景良好的子公司与资不抵债的子公司相分离,有利于前者以庭外重整的方式解决债务问题。

　　除资产重整方案外,为了消化石油化工、芯片制造、重工业、

航空航天工程和建筑业等行业的过剩产能,政府强制主要财团
及国有企业之间进行资产互换,开展生产或经营环节上的业务
合并重组(Big Deals)。为了保障重组顺利进行,政府要求主要
债权银行对企业债务开展长期贷款重组、债转股、新注资等操
作。但是由于资产估值难以确定,5 大财阀的业务合并重组计
划在实际操作中难度较大。

表 2-3-2 韩国 5 大财阀业务合并重组计划(Big Deals)

所处行业	重组企业	重组结果
半导体	现代电子+LG 半导体	由现代收购
电力	大宇重工+韩泰重工+三星重工	由韩泰重工收购
石油化工	现代石化+三星石化	未成功
飞机制造	三星航空科技+大宇重工+现代航天科技	新设企业
轨道车辆	现代精密+大宇重工+韩进重工	新设企业
船用发动机	韩泰重工+三星重工	新设企业
石油炼制	现代炼油+韩华能源	由现代收购

资料来源:IMF,"Current Developments in Monetary and Financial Law"。

第二,对于中等资产规模(排名第 6—64 位),处于第二梯
队的财阀,多处于非关键性行业,其资产规模远小于前 5 大财
阀,企业不具备自行重组的能力,政府在重组过程中发挥了主导
作用。韩国政府鼓励商业银行首先考虑对中等规模财阀开展庭
外重组,原因一方面在于中等规模财阀资不抵债现象最为严重,
缺乏足够资金独立开展企业重组,对社会就业构成较大压力,导
致金融市场风险累积。另一方面,中等规模财阀的债务情况较
前 5 家大型财阀更为简单,更易于处理,其经验可为 5 家大型财

阀的债务处置提供借鉴。借鉴"伦敦模式",韩国政府建立了企业债务庭外重组机制,牵头引导企业与金融机构进行谈判,由金融监管委员会和各企业的主要债权银行负责评估其经营情况。重组以优化资产负债情况为目标,对企业提出了明确的杠杆率要求。

第三,对于小微困难企业的债务问题,主要由政府给予政策支持,帮助具有生存前景,暂时经营困难的小微企业渡过难关。许多高负债的小微企业是大型财阀的供应商,受大型财阀业务萎缩的影响,也陷入经营困境,并且自身不具备债务重整的能力。韩国金融监管机构对其的支持措施主要包括要求银行对其贷款展期,设置偿还宽限期,并给予一定流动性支持,这些政策最终取得了良好的救助效果。

表2-3-3　韩国企业各类重组计划涉及规模

(单位:万亿韩元)

重组计划	金额
破产重组	28
前5家大型财阀资产出售及资产结构调整	47
第6—64位中等财阀庭外重组	44
大宇集团重组计划	63
小微企业流动性支持	24
合计	206

资料来源:韩国金融监管委员会(不含韩国资产管理公司(KAMCO)资产购买计划)。

三、基于"伦敦模式"的韩国企业债务庭外重组机制

在金融监管委员会的推动下,韩国210家金融机构按照"伦

敦模式",最终与债务企业自愿达成了庭外重组协议。企业重组协议主要涉及机构设置、明确债权人和债务人职责、制定重组流程以及重组进度安排等多个方面。

成立相关工作机构。由困难企业的主要债权机构组建重组协调委员会（Corporate Restructuring Coordination Committee, CRCC），按照约定的时间表协商开展企业债务重组的具体事务。该委员会负责对债权人就重组方案产生的分歧进行仲裁，评估企业通过重组正常经营的可能性，协调债权人之间的分歧，制定、执行及终止重组协议方案，在必要情况下对重组方案进行修订。

明确债权人和债务人职责。重组企业需要提供充分、准确的经营信息及财务信息，这些信息是债权人决策的重要依据。债权人对企业的经营问题开展分析，与企业管理层共同参与决策，确立企业核心业务，清理非核心资产，重新制定企业长期经营计划和财务规划。为了降低杠杆率，重组计划通常采取直接消债、出售资产、债转股等措施，其中大股东的股权稀释问题是债务重组的难点所在，需债务人尽力争取股东同意。

制定重组流程步骤。重组协调委员会一经成立，即可暂停债权人的一切执行行动，该暂停期通常为1—3个月（取决于尽职调查所需时间），之后可酌情延长1个月。同时，债权银行将对企业信息进行收集和分析，进行尽职调查。在重组协调委员会监督下，债权银行之间就债务处置安排、企业经营层面重组安排等达成基本一致意见，并与企业管理层共同协商，制定企业重组计划，产生的分歧则交由重组协调委员会仲裁。企业重组协议规定,重组提案一旦获得超过 75% 的债权同意,即可通过实施,无须全体债权人通过,并对所有债权人均具有强制约束力,该规定有效解决了债权人难以达成一致意见的问题。

设定重组时间进度安排。考虑到资产出售和新股权入资需要较长周期,为了快速处置债务,及时化解危机,重组方案对企业重组进程设置了明确的时间期限,要求各方严格遵循时间表推进重组工作。在严格的期限要求下,大多数困难企业平均仅用了 3—6 个月就达成了最终重组协议。

表 2-3-4　债务重组协议中债权人和债务人的各自职责

债务人的职责	债权人的职责
➢ 设置 5 年内降低债务率、改进经营的目标; ➢ 起草"自救计划书",自救措施包括出售资产和业务、裁员及其他削减支出措施; ➢ 取得工会和控股股东同意; ➢ 同意债权人管理团队参与企业经营,包括制定企业经营计划和财务规划,管理现金流,决定资本支出、分红、配股、资产处置,撤换不称职的管理层等; ➢ 同意债权人聘任外部专家和审计团队; ➢ 同意股权减记及兼并	➢ 共同执行重组协议; ➢ 组建联合管理团队; ➢ 债务展期; ➢ 新信贷支持; ➢ 对违反协议行为进行惩罚(如止赎,罚息,暂停新贷款,终止现有贷款,暂停重组计划,出售可转换债券等); ➢ 制订债务重组计划的退出条件

资料来源:World Bank,"Corporate Restructuring"。

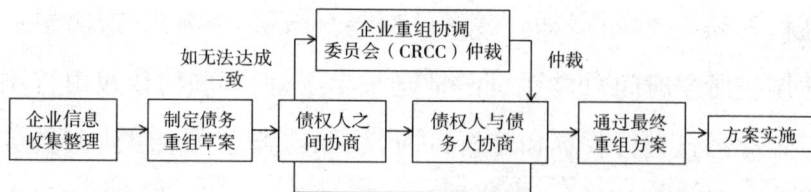

图 2-3-2　"伦敦模式"下韩国企业债务庭外重组流程图

截至 1999 年年底,在 59 家中等规模财阀中,最终有 56 家财阀自愿达成了庭外重组方案,只有 3 家由法院接管进入庭内破产程序,平均资产负债率已按照目标成功下降至 66.7% 以下。企业重组金额达 44 万亿韩元,其中 2.94 万亿韩元(约占21%)为资产重组,34.9 万亿韩元(约占 79%)为债务重组。具体来说,资产重组主要通过资产出售和新注资,债务重组则综合采取了利率减免、利息递延、债转股、展期等多种手段。

表 2-3-5 韩国企业债务庭外重组的具体方式

方式	金额(万亿韩元)	占比(%)	债务类型
利息减免	23.3	67	抵押债务
利息递延	4.8	14	抵押债务
债转股	4.3	12	超额债务
其他	2.4	7	交叉担保
总计	34.9	100	

数据来源:韩国金融监管委员会和企业重组协调委员会(2000)。

四、可供我国借鉴的经验

韩国在债务快速处置上取得了显著成效,为我国产能过剩行业债务处置提供了重要的借鉴经验。

一是充分发挥政府在组织协调和推进债务重组中的作用。从韩国经验看,在市场经济条件下大规模地集中债务重组离不开政府的组织协调和推进。从国家层面系统性构建政府、银行、企业三方通力合作的债务处置机制。政府应在杠杆率水平、重组流程步骤以及时间进度安排等关键要素上对银行和企业提出明确要求,在大型国有企业重组中发挥监督作用,在中小企业重组中发挥主导作用,在小微困难企业重组中发挥融资支持作用。

二是根据企业不同情况实行差别化的债务处置。对具备自我重组能力的企业实施自我主导式重组。政府主要是设置适度的资产负债目标和实现目标的限期,企业自行制订重整方案并自我实施,通过降低债务和增加资本,如企业所有者注入新资金、在国内和国外市场募集资本以及资产出售等,在规定期限内将资产负债率降至一定比例之下。积极稳妥降低企业杠杆率部级联席会议可以负责企业重整方案的评估和监督落实。对缺乏自我重整能力的企业,政府应在重组中发挥引导作用。政府可协助建立债委会,并组织协调债委会成员间、债权人和债务人之间、新投资者和原股东债权人和职工之间的多组关系,求得多方利益的均衡,推动形成对企业长远发展最为有利、债权人利益得到最大保护的重组方案,并监督方案的落实。

三是建立有约束力的庭外重组决策与执行机制。为推动市场化、法治化债务处置,建立有约束力的庭外重组机制十分必要。庭外重组机制可以债权人委员会为基础,赋予债权人委员会相应决策权并明确决策规则,负责监督企业重组的具体事务,仲裁和协调各方分歧。企业重组方案按照少数服从多数原则通过,无须取得全部债权人同意,以便提高重组效率,避免久拖不决。对庭外重组的各个环节都设置具体时间节点,要求各方严格遵循时间表推进重组工作,从而提升庭外重组的效率。

四是综合采取多元化的债务重组和资本重组手段。在规定的杠杆率目标下,为了达到债务快速处置目的,困难企业可综合采取多元化的债务重组和资本重组手段。债权银行应在对困难企业经营现状与存在问题深入分析的基础上,与企业管理层共同协商,制订重组方案。其中,企业债务重组可采取债转股、本金或利率减免、利息递延、贷款展期等多种方式;企业资产重组可通过资产出售、新注资、引进战略投资人等多种手段,清理非核心资产,重新确立企业核心业务。

之二　日本化解过剩产能中废弃设备的补偿制度研究

一、日本废弃设备补偿制度的形成背景

20 世纪 60 年代后,日本经济进入高速增长后的衰退期。外部因素方面,1973 年世界石油价格暴涨,日元升值导致外需回落;内部因素方面,战后日本重工业的快速发展导致环境污染问题突出,60 年代后政府加强了环境治理力度,先后出台了《煤尘排规制法》《公害对策基本法》《大气污染防治法》等多部环保法律法规,同时国内基础建设投资逐渐放缓。能源价格上涨、环保标准提高、国内外需求萎缩等众多因素交织,导致日本钢铁产业、纤维产业、造船业等传统主导产业的产能过剩严重,企业资产负债表恶化。钢铁行业中生铁和粗钢的设备利用率分别由 1964 年的 92.3% 和 83.8% 左右,大幅下滑至 1977 年的 64.7% 和 61.6%。

日本政府将缓解产业衰退视为该阶段经济发展的首要任务,于 1978 年出台《特定萧条产业安定临时措施法》,简称"特安法",将钢铁、合成纤维、造船行业等确定为"结构性萧条行

业"。结构性萧条行业指的是无法通过一般宏观经济调控政策扭转行业衰退现状,即使经济稳定增长,长期中由于生产标准提高、需求结构变化等因素,难以取得供求平衡,并对经济社会具有较大影响的行业。

对于结构性萧条行业,日本政府认为单靠企业自身开展去产能,一是意愿不足,二是实力不够,因此政府部门必须建立激励机制,对企业淘汰落后设备给予一定补偿,推动萧条行业化解过剩产能。按照产能过剩的形成原因和行业特点不同,日本政府进一步将萧条行业分为三大类,并以此为基础制定了差异化的设备淘汰和补偿机制。

A 类:因前一阶段行业盲目扩张,企业投资过度,以及环保要求提升等因素导致的产能过剩行业,代表性行业如钢铁业、炼铝业等。对这类行业,主要通过对企业明确设置减产和设备废弃要求、限制新增设备等手段化解过剩产能。

B 类:由于企业生产技术落后、缺乏生产成本优势等原因,造成竞争力恶化,出口下降、进口增加,且市场集中度低、容易形成恶性竞争,而企业自身是缺乏资金实力的行业,如合成纤维行业、纺织行业等。对这类行业,主要通过政府收购落后设备并提供一定补偿,以及"废旧更新"新旧产能置换,促进市场出清和维持价格稳定。

C 类:由于国内外市场需求大幅下降,供需失衡导致产能过剩,且市场集中度较高的行业,代表性行业如造船行业等。日本政府对这类行业的新增设备设置了具体标准,并基于"谁受益谁承担"原则,由继续留在市场的企业对退出市场的企业进行补偿。

二、日本废弃设备补偿的具体方式

"特安法"的政策出发点是通过促进企业淘汰落后设备,用先进产能替代落后产能,实现化解过剩产能和促进产业结构升级的双重目标。在淘汰落后产能上,日本政府采取的不是"一刀切"的态度,而是尊重市场规律,按照不同行业特点和产能过剩原因,确定补偿方式、补偿主体、补偿标准。

日本政府建立的废弃设备补偿制度由以下措施构成:

(一)设备登记注册。处置过剩产能前,首先应明确企业的产能过剩情况,这必须以完善的设备注册制度为基础,而政府部门在统计和搜集行业数据上具有明显优势。日本政府在开展废弃设备处置前,为充分了解企业设备情况,及时把握产能利用动向,从而制定有效的调控措施,首先对萧条行业的现有设备及其种类进行了详细的摸底调查,并全面建立了设备登记注册制度,严格禁止非注册设备从事生产活动。

(二)淘汰落后设备。由行业主管部门与企业部门共同对衰退行业的未来中长期市场需求进行预测,并据此合理推算出产能需求,以及生产设备的过剩部分。对过剩生产设备,尤其是长期闲置、未被利用和运转的设备坚决予以淘汰。对此,日本政府明确提出萧条行业的所有企业均有责任承担相应的产能削减份额,在政府给予一定补偿的前提下,企业首先应通过自身努力处置废弃设备,并承担部分处置损失。在企业依靠自身能力开展确实有困难,不能独自承担削减份额的情况下,应通过与其他企业联合,组成"萧条卡特尔",协作开展过剩产能处置。无论通过何种方式,萧条行业必须将废弃设备处置规模达到该行业所需削减产能的总目标。

（三）限制新增设备。根据不同行业特点,日本政府对新增设备实施了差别化的限制措施。对钢铁行业,主要是由于在前一阶段大规模过度投资和环保要求提高等长期性因素导致的产能严重过剩,政府要求钢铁企业在进行设备处置期间,严格限制设备的新增与改造;对合成纤维行业,行业衰退主要是由于自身生产技术落后、生产成本提高和竞争力下降所导致,政府并未完全禁止新增设备,鼓励企业对生产设备升级改造,强调化解过剩产能与设备优化升级相结合,并对此提出"废旧更新"原则,即要求企业废弃 2 台旧设备,可允许添置 1 台新设备;对造船行业,主要是由于国内外市场需求下降导致的行业产能过剩,日本政府规范了行业准入标准,对新增投资的产能规模上设置了具体要求,并且对设备技术和资金严格把关,起到了化解过剩产能的作用。

（四）实行政府补偿。对于行业集中度低、企业规模较小和资金实力有限的萧条行业,如合成纤维行业,企业废弃设备的方式主要是政府对每台设备废弃给予一定标准的资金补偿,其余成本由企业自行负担,同时提供政策性低息贷款等融资支持。在补偿金额标准的确定上,政府主要参考指标是设备的老化程度,此外也将其他成本因素一并纳入加以综合核算。截至 1981年,日本合成纤维业设备报废金额共计 3781 亿日元,其中企业自行承担部分金额为 182 亿日元,政府补偿金共计 524 亿日元,其余大部分资金主要通过日本长期信用银行和日本开发银行等政策性金融机构提供的低息贷款支持,贷款金额共计 3075 亿日元。

(五)谁受益谁承担。对于行业集中度较高的寡头垄断行业,如造船行业,某些企业退出市场会使继续留在市场的少数企业受益。若退出者不能得到有效补偿,企业将缺乏退出的积极性,所有企业都试图通过被动等待其他企业退出,使自己从中受益。对于这种垄断性行业,日本政府在给予必要融资支持的同时,按照"谁受益谁承担"的原则,通过建立企业收益损失分担机制,要求留在市场的受益企业负责承担退出市场企业的损失,即从继续经营的企业收益中通过政府机构或政府指定的金融机构收取一部分,作为对退出企业的补偿金。

这种由"优存"企业为"劣汰"企业负担退出成本的做法,是日本造船业产能调整所采取的主要补偿方式。日本政府通过造船协会向缺乏效率、退出市场的亏损造船企业购买废弃设备和土地,退出费用主要由效率更高的存活企业承担。具体做法是:从继续留在市场的造船企业的销售收入中,提取一定比率用于支付退出企业的补偿金。该比率在 1979 年设置为 0.1%,1980 年上调为 0.15%,1981—1982 年再度上调为 0.2%。经多次实施该补偿措施,1979 年日本造船业由 61 家造船企业、138 座船坞快速缩减至 44 家造船企业、73 座船坞,产能削减了 37%;到 1987 年,进一步缩减至 26 家造船企业、46 座船坞,产能再次削减了 24%。

(六)成立萧条产业信用基金。日本政府设立了萧条产业信用基金,对企业因处置过剩设备需要,向金融机构借贷的资金给予债务担保,并就其所需资金给予部分补助。萧条基金由政府部门和民间资金共同筹资 100 亿日元,其中 80% 来自日本开发银行,20% 来自商业银行,可提供的债务担保达 1000 亿日元。萧条基金主要为企业因处置报废设备而产生的贷款提供信用担保,确保企业在处置闲置资产的同时获得银行信贷。同时,萧条基金还用于支持那些按计划淘汰落后设备的转产投资,以及对淘汰设备造成的人员安置给予必要的救济。

（七）融资便利和税收优惠。在削减萧条行业过剩产能的过程中,日本政府通过长期信用银行和日本开发银行,对政府认定的主动处置过剩设备(废弃设备金额超过企业总资产的一定比率)的企业提供低息紧急贷款,适当延长设备资金贷款的还款期限,并给予一定期限内的延期纳税等税收优惠。对于转产企业,如能在规定时间内取得与转产目标相关的设备,企业可从次年起减少纳税额,在 5—7 年内从企业收益中抵扣废弃设备的损失费,也可从上一年度缴纳的法人税中一年内返还部分设备损失费。此外,日本政府还允许企业采用特别折旧制度,即允许企业把一部分利润作为固定资产折旧摊入成本以降低税收负担。

三、对我国化解过剩产能的政策借鉴

日本通过《特安法》下的废弃设备补偿制度,最终达到了化解过剩产能和促进产业结构升级的双重目标,对当前我国化解过剩产能具有重要的政策借鉴意义。

一是完善设备注册制度和产能监测体系。处置过剩产能必

须以设备注册制度和产能监测体系为基础,对此应进一步加强相关监管部门的协调,构建和完善产能过剩行业的设备注册制度,以及产能预警监测体系,并进一步提高监测数据的质量和更新频率,从而为政府制定产能调控政策提供可靠的数据参考。此外,还应及时向社会公开发布设备和产能信息,引导企业进行科学理性的生产决策。

二是将淘汰落后产能与升级新产能相结合。将淘汰落后产能和升级先进新产能相结合,有利于在循序渐进化解过剩产能的同时优化生产设备,促进产能过剩行业向先进技术、高附加值产品方向转型,达到长期提升企业竞争力,促进产业升级的政策效果。对此,应结合不同行业特点和产能过剩原因,细化和完善对过剩行业企业的产能置换方案,坚持对过剩行业实施等量或减量置换,新(改、扩)建项目应同时淘汰等于或大于该项目产能数量的落后或过剩产能,同时对新增设备的技术和资金严格把关。

三是合理制定政府补偿方案。为避免过快处置过剩产能对企业经营造成较大冲击,同时激发企业自愿淘汰落后产能的积极性,政府应协助企业开展废弃设备处置,共同承担设备处置损失。对此,政府部门可根据市场价格和设备老化程度制定废弃设备补偿标准,向削减过剩产能的企业给予一定补偿金,并通过成立专项基金、财政补贴、优惠贷款、税收减免等方式向企业提供直接或间接援助。此外,还应建立事后评估机制,对已实施的补偿方案进行事后评估,及时总结经验,提高政府补偿资金的利用效率。

四是建立企业收益损失分担机制。对某些行业集中度较高的垄断性行业,在政府给予必要融资支持的同时,可按照"谁受益谁承担"的原则,建立行业内部的企业收益损失分担机制,要求留在市场的受益企业向退出市场的损失企业提供补偿。具体可通过从继续经营的企业销售收入中提取一定比例,作为对退出企业的补偿金,从而提高产能过剩行业市场退出的公平性,达到激发困难企业自愿退出的积极性,提高过剩产能处置效率的最终目的。

之三 建立制度化庭外重组机制提高债务处置效率

根据市场化法治化原则,包括"僵尸企业"在内的企业债务处置主要由相关市场主体自主协商自主决策。但由于普遍存在"一企多债"现象,一个企业的债权银行动辄十几家甚至多达几十家,当前债务处置工作经常性面临多债权人格局下谈判机制松散、决策效率低下的问题,在利益诉求不一致时,只要存在少数债权人反对,债务重组方案就难以最终通过。以中钢为例,其债务重组采取了庭外重组协商谈判的模式,在庭外债务重组协议的执行过程中,要求必须所有债权人达成一致,如果出现不配合的"钉子户"债权人,将使绝大多数债权人同意的重组计划付诸东流,不得不走向庭内破产程序。因此,异议债权人"少数钳制多数"的问题不解决,将严重阻碍债务处置工作进展。从国际经验看,完全依赖当事人意思自治、没有成文规则程序约束的早期庭外债务重组模式,大多都会遇到上述"钳制问题"。近年来,韩国、日本等国家针对庭外重组探索制定了机制化、程序化、制度化甚至法定化的指引文件,显著提高了企业债务重组效率,其经验值得我国借鉴。

一、庭外债务重组模式的国际经验

英国:采用"伦敦模式"指导以银行为主导的庭外债务重组。20世纪80年代,英国陷入债务困境企业数量明显增多,但由于当时庭内司法程序存在高成本、慢节奏、易引起公众关注等问题,债务人普遍倾向通过庭外重组方式寻求拯救。1986年,英国破产法将庭外债务重组列入"公司自愿偿债安排"(Company Voluntary Arrangement,即CVA)。1990年,英格兰银行业协会制定了关于庭外债务重组的非正式、不成文规则(即"伦敦模式"),用来指导以银行为主导的庭外债务重组。在此模式下,债权人委员会成员遵守"暂停偿债协议",债务人和所有受协议约束的债权人均有一个"缓冲期"。"伦敦模式"后来被多国效仿改进,并在20世纪90年代初期成功挽救了许多大型企业,国际破产执业者组织(INSOL)也在此基础上提出了法庭外债务重组八项原则,即:(1)设定"暂停期"以便债权人获取和评价债务人信息,制定和评估困境拯救方案;(2)"暂停期"内,所有债权人应同意不采取任何强制行权措施;(3)"暂停期"内,严格保障所有债权人公平,债权人不能采取任何行动(包括单独行动或集体行动)使得部分债权人获得优先;(4)重组协调通过债权人选择一个或多个协调委员会来促进,所有的债权人参与这一程序;(5)"暂停期"内,债务人应提供并允许债权人及专业顾问了解企业资产、负债、业务和前景相关的信息;(6)对债务人的困境拯救方案和"暂停期"内债权债务人达成的相关安排,需要符合适用法律要求;(7)为庭外重组程序而了解的债务人信息资料,以及困境拯救方案,应当对所有债权人公开,并对外保密;(8)如果"暂停期"内或在拯救方案中有新资金进入,对于新资金的偿还应置于优先地位。以上"伦敦模式"和"INSOL 八项原则"在国际破产业界都具有重要影响力,在早期的企业债务庭外重组中发挥了重要的作用。

美国:庭外债务重组协议不具有强制约束力。尽管美国的破产重整制度非常完善,但很多困境企业,特别是有较大影响力的企业还是更倾向于通过庭外"自愿协商重组"(Out-of-court Workout)的方式重组公司债务,如通用汽车、梅萨航空、Crystal石油公司等破产案。美国庭外重组的主要做法是:(1)由债务人与其主要债权人首先谈判达成一项"延期偿债协议"。协议通常约定由主要债权人作出让步,并临时冻结其债权的执行。(2)由债权人选出债委会,代表全体债权人对债务人的财务情况、不能清偿的原因进行调查,审查债务人提出的资产负债表、利润与亏损说明等,并与债务人就和解重组条件进行谈判达成庭外重组协议。(3)协商谈判中如果发现债务人存在偏颇性清偿或者欺诈性转移财产的行为,债委会通常建议改用破产程序以行使撤销权。(4)庭外重组协议除了对延期偿债时间、重组具体方式等内容进行约定外,通常还会就如何约束双方当事人的行为作出特别约定。(5)庭外重组协议通常要求债务人提供第三方或由其股东作为协议履行的保证人。(6)庭外重组协议对异议债权人不具有强制约束力,债委会只能采用劝说方式。

　　总体来看,在以英国、美国为代表的绝大多数欧美国家,庭外债务重组是建立在债务人、债权人之间自愿的基础上,充分尊重当事人的意思自治。但近年来,也有一些国家,其庭外债务重组程序有"机制化"甚至"法定化"的特点,如法国通过立法规定"特别程序"、意大利通过行业协会颁布行为规范提供指导、荷兰规定法院有批准自愿重组协议的权利以促进庭外债务重组的实现。

　　日本:从民间指引的再建型"私的整理"到法定化的"事业再生 ADR"程序来指导庭外债务重组。早期的日本庭外债务重组模式,以 2001 年由日本全国银行协会、经济团体联合会、学术界资深人士为中心制定的《多方债权人法庭外债务重组指引》下"私的整理"程序为代表,与"伦敦模式"和"INSOL 八项原则"相比,这一指引明确了庭外债务重组的具体程序:当债务人破产时,债权人召开债权人会议,听取债务人的财产状况等报告,决定"私的整理"方针,同时选出债权人委员会;该委员会调查倾听债权人、担保权人及优先权人的各项意见,缔结集体合约性基本契约指导庭外债务重组。近期的日本庭外债务重组,以 2008 年政府制定的《有关产业活力再生及产业活动革新特别措施法》下的"事业再生 ADR"(Alternative Dispute Resolution,即特定认证纠纷解决程序)为代表,成为目前日本法定化的、也是最为重要的庭外债务重组方式。"事业再生 ADR"引入了"日本事业再生实务家协会(JATP)"作为第三方参与,庭外重组具体程序包括:(1)债务人向 JATP 提出申请,经其研究债务人提出的资料及其再建计划方案后,决定是否开始程序。(2)由债务人与 JATP 联名发出"暂停通知"。(3)暂停通知之日起的 2 周内召开第一次债权人会议,对财务内容、再建计划方案予以说明、解答质疑,并选公正中立的第三方作为"程序实施者"。(4)由"程序实施者"对再建计划进行调查论证,并在第二次债权人会议中对再建计划方案的调查结果进行报告、协商。(5)在第三次债权人会议中,对再建方案进行表决,必须由所有债权人一致同意,否则程序中止,移交法庭内重整。

韩国:逐步将"企业结构调整"法治化,确立法定化的庭外债务重组"共同管理程序"。1998 年,在金融监管委员会的支持下,韩国 210 家金融机构达成《金融机构之间促进公司重组的协议》,首次建立了民间主导的庭外债务重组制度,但在实践中,由于异议债权人问题,这一制度施行效果不佳。2001 年,韩国政府颁布了《企业结构调整促进法》,作为规范庭外债务重组的基本法律,其中制定了"共同管理程序"作为庭外债务重组的法定程序,包括:(1)主债权银行对企业进行信用风险评估,将判断为困境企业的事实和理由通报该企业;收到通报的困境企业可以提交自救计划书,并申请进入"共同管理程序"。(2)金融债权人会议表决是否启动"共同管理程序",会议并不要求全部债权人均参加。(3)制定延期偿债时间。(4)制订企业改善计划,包括债务重组、新的信贷、共同管理机构自救计划、违约事项等。(5)决议通过依照多数表决制,债权总额 3/4 以上的债权人同意后通过重大决议。(6)新的信贷有优先求偿权。(7)异议债权人有权要求其他重组参与方收购其债权,但限于未参加表决或以书面形式提出反对意见的债权人,并限于 7 天内提出申请。(8)债权人必须诚实履行已表决事项,否则支付违约金及相关损失赔偿。

　　总体来看,亚太地区各国的庭外债务重组,多数是在1997年亚洲金融危机之后逐步运用和发展起来的,其共同特点包括:一是基本遵循"伦敦模式",但多会结合本国实际,建立自己的庭外重组模式,除上述日本早期债务重组模式外,还包括印度尼西亚由政府设立特殊重组机构负责调解当事人纠纷的"雅加达模式"、泰国由中央银行设立特殊机构负责庭外重组并赋予法院强制批准庭外重组方案权力的"曼谷模式"。二是政府在庭外重组中普遍发挥重要作用,并通过财政资金补贴、引导银行担保、再资本化等多种方式直接或间接地介入重组进程。三是普遍建立特殊的重组机构,包括重组委员会、国家资产管理公司、独立促进机构等,并赋予这些机构一定时期特殊的公权力。四是重组中普遍规定"暂停期",并冻结债权人的追债行动。五是韩国、日本等国家对庭外债务重组进行专门立法,将庭外重组程序法定化,由不明文规则转向准则型、规则型程序,同时提高庭外债务重组与庭内司法重整的有效衔接,明显提高了企业重组效率。

二、关于规范和明确庭外重组机制的几点建议

　　各国企业债务庭外重组的模式和规则都在不断发展完善,与此相比,我国企业债务庭外重组更多的是"一企一案"的市场化实践,在机制设计上尚处在探索初期,有关是否建立制度化甚至法定化的庭外重组机制、具体明确哪些关键程序、政府市场如

何发挥各自力量等问题还有不同争论,但我们认为,在目前法庭能力有限的情况下,为适应和满足大量困境企业债务处置的现实需求,更好更快推动债务处置工作,需要建立程序化、制度化的庭外重组机制,建议有关部门尽快研究制定《法庭外债务重组指引》,明确庭外重组的工作机构、决策机制、流程步骤和约束要求,以切实提高庭外重组的效率,增强市场化法治化债务处置的可操作性。

一是建立程序化、制度化庭外重组机制可有效提高债务处置效率。正是由于庭外重组具有强调当事人意思自治、较少司法干预、程序便捷、方法灵活、成本较低、对企业商誉和商业秘密的影响较小等优势,其在各国困境企业拯救的实践中扮演着越来越重要的角色。但是,由于庭外重组本质是在民法框架下达成的重组协议,是债权人自愿参加的缔约程序,因此决定了其内在缺陷,即重组协议只能约束协议签订者,而无法约束协议外的债权人或异议债权人,个别债权人的反对意见、大股东和中小股东、银行债权人和非银行债权人、境内债权人和境外债权人之间的分歧可能导致整个重组方案无法通过。从国外经验看,建立强化的庭外重组机制是一个大的趋势,即通过搭建结构化的实施原则、提出监管性指引,要求全部债权人签署重组协议和仲裁条款,建立激励和抑制机制,提高债权人和债务人的参与积极性等方式,确保重组过程顺利达成一致。同样,在机制设计上,我国也有必要吸取经验,以债权人委员会制度为基础,研究制定《法庭外债务重组指引》,建立一套程序清晰、有约束力的庭外重组机制。

二是明确庭外重组机制的内容和流程。充分发挥市场化机制，债权人委员会负责庭外重组决策与执行，负责监督企业重组具体事务，制定、执行及终止重组方案，在重组方案中对企业适度资产负债率目标水平、重组流程步骤、资产负债重组具体方式等关键要素上对重组参与方提出明确要求，在必要的情况下对重组方案进行修订。仲裁和协调各方分歧，评估企业通过重组正常经营的可能性。重组方案及其他重大事项通过依照多数制表决（如超过75%的债权人），无须取得全部债权人同意。重组方案对所有债权人均具有强制约束力。庭外重组关键环节设置时间节点，参与重组各方须严格遵守时间表推进重组工作。企业和股东、潜在投资者、债权人须明确各方职责，企业需要提供充分准确的经营信息、财务信息；债权人对企业经营问题开展分析，与企业管理层共同参与决策，确立企业核心业务，清理非核心资产，重新制定企业长期经营计划和财务规划。在启动庭外重组程序后即进入"暂停期"（如3个月），暂停债权人一切执行行动，并在此期间开展尽职调查，允许企业在监督核算下继续经营。对未能在规定期限实现庭外重组的企业，依法转入破产重整司法程序。

三是庭外债务重组以债务调整和资产重构为核心。重组方案对债权人、债务人权利义务均予以重新安排，由一系列交易构成，涉及多个交易关系，包括债权人同意延期清偿债务、减免债务数额，债务人同意业务置换变更、企业资产出售重组等。债务调整重点集中在企业的存量债务，综合使用债务减免、偿还延期、债务转让、债权转让、债转股等多种手段。资产重构重点在企业的存量资产,力求通过盘活企业有效资产,使企业走向复兴,运用资本注入、兼并重组、限制担保等多种措施。

四是处理好政府和市场的关系。庭外债务重组本质上还是市场参与方的博弈过程,应以发挥市场参与主体能动性为主,政府创造良好的政策环境和沟通协商氛围,促进各方在各自让渡一部分利益的基础上,以退为进创造更大的回收空间,实现整体利益的最大化。此外,还需积极促进重组过程的市场化,推动律师、财务审计、资产评估、行业协会等中介机构参与,让重组过程更加专业、客观和透明。

之四　中钢集团债务重组案例

自 2014 年以来,伴随着传统产业的低迷,国内债务违约事件开始密集出现。其中,中钢集团债务重组案例由于发生时间早,涉及面广、金额高、影响广、难度大,因此具有较强的代表性。在政府、企业、银行三方沟通协调下,中钢集团最终通过"留债+可转债+有条件债转股"方案,成功完成了此轮去杠杆下央企首例破产重组,为其他国有企业解决债务问题提供了重要借鉴。

一、中钢债务危机的形成背景

中国中钢集团公司(简称"中钢集团")作为国资委管理的大型中央企业,是一家为钢铁工业和钢铁生产企业及相关战略性新兴产业提供综合配套、系统集成服务的大型跨国企业集团,所属二级单位 65 家,其中境内 49 家,境外 16 家。

2014 年 6 月,中钢集团本部未能按期偿还部分银行利息,之后支付危机发酵为债务危机。截至 2014 年 12 月 31 日,中钢集团金融债务合计 660 亿元,牵涉境内外 80 多家银行,还有一些信托、金融租赁公司。在众多债权人中,中国银行(简称"中行")贷款本金余额 118.5 亿元,为第一大债权人。中钢集团的债务问题由来已久,其背后是宏观经济下行、企业过度扩张、银行过度授信等多种原因共同造成。

(一)业务布局的盲目扩张

中钢集团早期一直从事矿石进出口以及钢铁设备制造等业务。2003 年 12 月,在"央企做大做强的"背景下,为了不被重组兼并,很多央企开始加速扩张,中钢集团业务发展也步入"快车道"。为了扩大集团规模,企业开始推动中钢集团的转型,意在将集团从单纯的钢铁贸易服务商向钢铁实业中的生产供应和销售环节延伸,成为"钢铁生产型服务商"。2004—2010 年,中钢集团的资产规模从 201 亿元迅速膨胀至 1800 亿元之上,6 年时间翻了 9 倍。从矿业和钢材贸易,业务板块过度扩张,而企业的经营管理等后续配套没有及时跟上,最终未能取得预期效益,最终令自身不堪重负。同时,中钢本质上是贸易型企业,具有较强的行业周期波动性,在经济下行期要短期扭转形势非常艰难。国际金融危机全面爆发后,因国际经济形势低迷,外需市场需求萎缩,大宗商品价格下跌,也对中钢集团造成了较大冲击。

(二)融资方式的"短贷长用"

作为一家贸易型企业,中钢企业资金来源构成的一部分是贸易融资,具有期限短、成本高的特点。然而,中钢集团将通过贸易融资获得的资金广泛开展长期建设项目投资,甚至作为海外项目收购的主要资金来源。2008 年,中钢集团在对澳大利亚铁矿石公司中西部公司(Midwest Corp)提出了逾 90 亿元的恶意收购。2011 年,中钢企图推行的业务全部搁浅,中钢澳大利亚子公司不得不关闭铁矿石开采。此外,中钢集团管理体系庞大,财务成本畸高,在钢价波动时对价格不太敏感,高买低卖,下游企业回款的时候常难回本。同时,由于中钢的业务性质,大部分银行跟中钢做的业务都是开立信用证,类似于信用贷款,较少资产抵押,银行追债清偿更为艰难。

(三)借贷链复杂,应收账款难回收

中钢借助自身在获取银行信贷上的优势,以虚假贸易方式,为许多民营钢厂开展了托盘融资业务。托盘业务指的是资金实力较差的企业,借手于资金实力雄厚的企业摆脱资金困难,带有短期融资的性质。通过托盘业务,民企可以替国企做大销售量,而国企则可帮助民企获得低成本融资。具体是指国企先帮贸易商或钢厂支付货款,货材放在第三方仓库,随后贸易商通过加付一定的佣金费用或利息费用偿还资金后,拿回货权。国家审计署审计报告显示,2007—2009 年度,中钢集团被合作伙伴占用资金达 88.07 亿元,仅河北纵横对中钢的占款即超过 10 亿元。据中钢国际 2014 年年报披露,中钢国际与中冶东方江苏重工有限公司、大同煤矿集团、佳木斯东兴煤化工、亿达信煤焦化能源公司等均有合同纠纷。

(四)银行授信缺乏审慎性

中钢集团的央企身份使之容易获得银行授信,据银监会内部数据,截至 2013 年年底,全国钢贸敞口 1.3 万亿元,此类风险并未完全暴露,全靠巨亏的国企掩盖。中钢股份作为中钢集团的核心企业,负债率已长达 5 年超过 90%,且逐年攀升至 95%,贷款逾期的情况从 2013 年就已暴露,但并未引起大多数债权银行的重视。直至 2014 年,国家开发银行对中钢集团发放的 6.9 亿元贷款出现逾期,才引发其他银行的抽贷清退措施。在众多债权银行中,只有民生银行等少数银行及时调整了对中钢的信贷额度,有效避免了损失扩大。2010—2011 年,民生银行通过冶金事业部对中钢形成高达 95 亿元的授信额度,实际敞口占一半左右,多为一年期信用证。但在意识到中钢债务问题后,对中钢贷款到期后再无续作,并从 2012 年末开始逐步压降授信额度。截至 2014 年 12 月,民生银行对中钢集团贷款规模已不到 4 亿元。

二、中钢债务危机的解决方案:"留债+可转债+有条件债转股"

2014 年底中钢债务危机爆发后,国务院积极协调,银监会责成中国银行牵头组建债权人委员会,35 家银行加入了债委会,就如何处理中钢债务问题进行谈判,研究制定整体债务重组方案。债委会成立后,各债权银行对债务重组提出多种方案,并就其可行性进行了充分讨论沟通。国资委有让银行消债的诉求,提出银行债务停息挂账在中钢股份,逐年核销。但银行方如农行等难以接受该方案,仅同意暂时免息,但就免多久、免多少均未达成一致意见。由于几方分歧过大,进展胶着不前。

2016 年 1 月,在多方多轮协调下,债权人全体大会最终投票通过了重组方案,形成了"留债+可转债+有条件债转股"的债务重组。尽管对具体4债权银行而言,最终达成的重组方案可能并非最优方案,但却是债权人多方博弈的务实选择。

整体重组方案包括债务重组方案和业务重组方案两部分。

（一）"留债+可转债+有条件债转股"的债务重组安排

按照重组方案设计,以 2014 年 12 月 31 日为基准日测算,纳入中钢集团债务重组范围的金融机构债权总额 660 亿元。差异化方案按回收风险对重组范围内金融债权划分层级,并对不同层级的债权设计相应重组安排,兼顾了企业当前和未来发展需要。整体重组范围内的债权按回收风险的大小分为留债和可转债,在相关条件满足的情况下,可转债持有人逐步行使转股权。

留债安排方面,中国银行等 6 家银行与中钢集团正式签署协议,对中钢开展贷款展期,并延期付息。在 600 多亿元的债权中,留债比例超过一半,中钢集团全部债务中,整体留债比例约 55%,对应留债金额约 333.4 亿元,可转债金额约 272.7 亿元。对于留债部分,采用 6+2 模式,即 6 年宽限期 2 年还本期,留债利率按 5 年期贷款基准利率的 67% 执行。使中钢债务得以缓解。

对于可转债部分,中钢集团债务中的可转债部分由中钢集团成立新的控股平台向金融债权人发行,可置换金融机构债权人非留债部分对应的债权。用 5 年时间分批债转股,债息为零。从 2019 年开始,可转债持有人可选择行使转股权,2019—2021 年 3 年期间可按照可转债发行数量的 30%、30% 和 40% 进行转股。在可转债期限内,可转债持有人对中钢集团经营业绩进行监控,可以行使转股权时进行投票决定是否转股。

(二)突出主业的业务重组改革

在业务层面,中钢集团配合债务重组方案形成业务重组方案,新的战略目标定位"小而优",迥异于此前大举扩张产业链的做法。通过人事、业务、战略的密集调整等一系列内部改革,业务有保有压,产业有进有退,重点发展其优势业务及产业,构建可支持企业更好发展的业务新优势。

中钢集团的业务重组措施包括:第一,业务梳理"瘦身",针对贸易和生产板块近年亏损较大的问题,压缩昔日最大的贸易规模,强调产业结构升级,处置"僵尸企业"和低效无效资产,考虑引入战略投资者参与重组。第二,构建好各板块的核心公司,全面梳理科技新材料、耐火材料、金融服务等板块业务,将贸易、钢铁、炉料三大公司合并,按精简高效的原则打造总部机构。第三,打造优质资产。确立中钢国际为其核心优质资产,中钢国际是＊ST 吉炭通过剥离炭素及石墨制品的研制、开发、加工、生产、销售等业务,将中钢股份所持有的 99% 中钢设备股权置入而来,主营业务变更为工程技术服务和设备集成及备品备件供应。第四,优化人员配置,开展人事调整,任命新的董事长、党委书记和总经理人选,减少职能部门,进行减员重组。第五,打造优势战略方面,中钢国际响应"一带一路"倡议拓展海外业务。考虑到国内冶金市场长期低迷,项目压价多、工期长、资金成本高,海外项目可以享受设备出口退税,无增值税负担,并且国内银行贷款推动了当地很多政策性项目,当地企业愿意付出较高价格与国内企业合作。对此,中钢继续在国际市场完善布局,加大在印度、俄罗斯和东南亚、非洲市场的力度,同时将加大对南美、北美和澳大利亚的业务布局,形成比较优势。

三、中钢集团破产重组的经验教训

中钢与银行的博弈是近年来央企债务危机的典型缩影,对国有企业过度扩张有着警示教训意义。国有企业向来有"做大"的情结,热衷于追求经济总量的扩张,但是企业追求做大做强应量力而行,因规模的过度扩张、过度举债,使企业丧失初创时期的竞争优势,机构臃肿,背上沉重的债务,人员安置负担重,最终导致企业破产清算的案例不胜枚举。因此,应警惕企业过度扩张,尤其要防止过度举债支持的扩张,并在公司治理层面采取针对性的对策,才能保证企业股东和债权人的利益,促进企业规模与运营效率的统一。

首先,确保出资到人到位和公司治理结构的完善。在所有权与经营权相分离的现代公司制企业中,由于管理者和股东之间的信息不对称、激励不相容,管理层通过其掌握的实际控制权,常常会推动企业规模的过度扩张。对国有企业来说,经常存在出资人缺位现象,为此在企业董事会层面,要切实保障出资人代表的到位,通过引入和规范外部董事制度、董事会责任追溯制度、重大决策审核制度等治理结构的完善,抑制管理层过大的决策权,从决策层面上防止管理层的自利式行为。

其次,规范对管理层的激励和考核制度,严格依据企业经营绩效进行经济激励。在考核指标上,应摒弃过去的规模导向,应强调企业投资效率,以投资回报率和经济增加值为主,并严格控制企业负债率,把资产负债率作为约束指标,从而防止管理层过度扩张。

最后,发挥利益相关者的外部约束作用,银行等外部债权人不能因为央企而忽视授信风险控制,尤其要关注企业集团层面的总体资产负债率,防止企业高杠杆扩张给债权人和股东带来损失。

之五　东北特钢破产重整案例

历时一年多,东北特钢从陷入资不抵债困境、到确定破产重整计划草案、到最终获通过付诸落实,既开创了我国国有企业开展庭内破产的先例,也标志着我国首例民营钢企接盘重整地方大型国有钢企的成功。此外,东北特钢也开创了我国首例公募债券违约重组,以及破产重整中的市场化债转股的先例,标志着我国债市在打破刚兑方面迈出重要一步。东北特钢破产重整过程始终坚持以市场化、法治化和当事人意思自治原则为导向,重塑各方信任与共识,创新破解了国有企业重整困局的工作思路,为未来解决国有企业不良资产和债务重组提供了重要借鉴。

一、东北特钢进入破产重整前的债务违约及处置情况

(一)东北特钢破产重整前基本情况

东北特殊钢铁集团有限责任公司(以下简称"东北特钢")是由大连钢铁集团、抚顺特殊钢集团和北满特殊钢集团于2004年重组而成的国有大型特殊钢生产企业。东北特钢集团以生产

经营高质量档次、高附加值特殊钢为主营业务,长期以来一直是我国高科技领域所需高档特殊钢材料的主要研发、生产和供应基地,拥有大连、抚顺、齐齐哈尔三个生产基地、17家全资子公司、10家控股子公司和5家参股企业。东北特钢集团本部注册资本36.44亿元,辽宁省政府持股68.81%、黑龙江省政府持股14.52%、东方资产管理公司持股16.67%。东北特钢全集团有员工2.2万人,特殊钢材产能340万吨/年。

自2010年以来,钢铁行业不景气,集团存货不断增加,再加上大连基地的投资额急速扩张,共同导致中钢集团经营活动现金流入不足,债务负担巨大,流动资产不足以偿还流动负债。自2016年3月起,公司发行的企业债券在半年内连续10次违约,涉及70亿元的债市产品和几百亿元的银行债权。截至2016年3月末,经中介机构根据公司的实际情况初步核查,剔除银行票据、信用证保证金后,东北特钢集团合并范围的资产约454亿元,负债约556亿元,其中有息负债总额445亿元(其中债券余额71.7亿元),净资产约为-92亿元,资产负债率约为120%,严重资不抵债。

(二)东北特钢发生债务违约负面影响大

自2016年3月开始,东北特钢集团无力偿付到期债务,连续发生中期票据、银行贷款等债务违约。由于债务违约,东北特钢集团已经无法在各银行取得新增授信。东北特钢集团下属三家大型子公司中,各银行已对大连特钢、北满特钢采取限贷政策,抚顺特钢由于经营状况相对良好,银行业务续作暂时正常,但新增融资受限,资本运作项目无法开展。东北特钢集团持有的抚顺特钢上市公司股权已被司法冻结。

受债务违约影响,东北特钢集团经营形势十分严峻,大量资产被查封冻结,融资渠道全部堵塞,经营现金流高度紧张,与上下游企业的商业与合作管理受到很大威胁,同时非金融债权人持续采取法律行动。

(三)首次重组方案被否进入破产重整程序

东北特钢出现债务违约后,辽宁省成立了东北特钢脱困工作协调领导小组开展处置工作。2016年7月2日,辽宁省委常委会讨论通过了由辽宁省国资委组织企业和相关机构研究制定的东北特钢重组方案,随后向债权人进行通报协商。但债权人普遍认为该重组方案未与债权人进行充分沟通协商,是非市场化、非法治化的,有损债权人合法权益,因而不接受此重组方案。但辽宁省政府认为该方案提出是供协商使用的,并不是最终方案,也没有强制债权人接受。由于双方意见对立,且有债权人认为东北特钢资产负债率由2015年第三季度财务报表披露的84.35%,突然上升到2016年3月的120%,变成资不抵债,有逃废债嫌疑,该方案未被债权人接受。

在此情况下,相关非金融债权人采取法律行动维护自身权益。2016年10月10日,大连市中级人民法院裁定受理阿拉善盟金钏冶炼有限公司提出的对东北特钢集团本部及下属子公司大连特钢、大连棒线材等3家公司进行重整的申请,同日,大连市中级人民法院下达决定书指定东北特钢集团本部等三家公司的重整管理人。东北特钢集团正式进入破产重整程序。根据《破产法》,东北特钢需在金融重整程序后6个月内向法院提交重整草案,如无法按期提交,可依法延期3个月提交。如9个月内无法提交经协商一致达成的重整计划草案,法院有可能强裁或裁定破产清算。

二、东北特钢最终达成的破产重整方案

东北特钢进入破产重整司法程序后,由于沟通不畅等原因,债权人与政府、东北特钢之间互不信任、彼此猜疑现象严重,东北特钢破产重整工作一度停滞不前。

（一）建立工作机制明确工作原则,促进建立信任

2016年10月18日,国家发展改革委主持召开专题会议,与会各部门和各债权银行对东北特钢债务重组相关情况进行充分沟通,并就有关问题进行充分表达意见。会议经过认真研究,提出着眼大局、破转结合、省府主导、部门配合、建立机制、依法依规、统筹推进、理念调整、充分沟通等事项工作原则。要求破产管理人和债权人委员会紧密协作,破产重整的所有环节都向债权人委员会开放,双方聘请第三方评估机构进行清产核资,共同寻找投资人,重建各方信任。同时,会议要求确定建立3个工作机制,即债权人委员会机制、沟通协调机制和协调服务机制,为东北特钢破产重整问题解决做好相关协调服务工作。

根据专题会所确定的原则,东北特钢破产管理人与债权人委员会主席中国银行紧密合作,共同开展破产重整的清产核资、债权申报、寻找和确定战略投资者、设计重整草案等相关工作。

（二）寻找和确定重整投资人,形成重整计划草案

通过市场化方式确定重整投资人和重整计划草案是东北特

钢重整最为关键的工作,也耗时最长,是能否在法定时限内完成重整计划草案的最大不确定性因素。破产管理人和债权人委员会都积极寻找重整投资人,鞍钢集团、中信泰富特钢、太原钢铁集团等先后表达了参与意愿。破产管理人与债权人委员会积极协助上述潜在投资人开展资产摸底、企业发展潜力评估等尽职调查。各潜在投资人投入大量的精力与资源认真研究论证参与重整的可行性与重整方案。

因各种原因,最终提交重整计划草案的为鞍钢集团钢研院联合体和沙钢辽宁省属本溪钢铁联合体。破产管理人与债权银行反复比较研究,认为两家投资者都具有重整东北钢铁的实力,但沙钢集团重整方案总出资额和用于偿还债务金额略高于鞍钢集团重整计划草案,且重整实施后银行债权人可获得更高的持股比例,加之民营企业管理水平运行效率更高。因此,从更好保护债权人利益、促进企业长远健康发展、发挥民间资本参与东北振兴的示范效果等方面考虑,最终银行债权人委员会投票确定沙钢本钢联合体作为投资人参与重组。

(三)批准重整计划草案,东北特钢完成破产重整司法审理程序

2017 年 7 月 10 日,破产管理人向法院提交了经管理人、债权人与投资人反复沟通意见一致的重整计划草案。8 月 8 日破产管理人在大连举行东北特钢集团等三家破产企业第二次债权人会议,对重整计划草案进行表决。各表决组投票同意重整计划草案的人数、金额均超过 80%。8 月 11 日,大连中级人民法院裁定批准东北特钢重组方案。至此,东北特钢破产重整司法

审理程序在法律规定的时限内完成。重整计划确定沙钢实际控制人控制的进程,沙洲股权投资有限公司(以下简称"沙钢")和本溪钢铁作为投资人,共出资 55 亿元,占重组后东北特钢 53% 的股份,其中,沙钢出资 45 亿元,持股比例为 43%。在债权处置方面,共有 254 家债权人实施债转股,涉及债权总金额 332.67 亿元,对应注册资本 48.33 亿元,164 家经营性债权人自愿选择债转股,涉及债权金额 12.13 亿元。优先债权和普通债权中 50 万元以下部分全部清偿,50 万元以上部分按 25% 比例清偿。

三、东北特钢实施重组取得的成效

重整计划草案通过后,东北特钢重组进入执行阶段,在各方共同努力下,重组方案实施取得积极进展,一些成效也已初步显现。

(一)沙钢等投资人已实质接管企业,并完成东北特钢生产经营组织架构调整

重整方案通过后,沙钢等投资人派出工作组逐步参与企业经营管理。11 月 5 日,在尚不具备召开企业股东会、董事会和监事会条件的情况下,采取原董事会决议的方式任命沙钢方面派出的龚盛和季永新同志为东北特钢董事长和副董事长,此外沙钢还有 40 多人进入企业,全面实质性接管企业。沙钢接管后,立即开展了职能部门调整和业务条线划分,对东北特钢集团进行管控中心、利润中心、制造和成本中心三级管控改革。目前,东北特钢集团职能部室由 20 个整合为 6 个,人员由 133 人减为 77 人,决策运行效率大幅提升。

目前,东北特钢其他各项重整事宜也在稳步推进,财务调整、选举职工监事与北满特钢业务切分等工作已经完成,涉税事项、权证合规、子企业清理等工作也取得阶段性成果。

(二)企业实现自搬迁以来首次当月盈利,重组效果初步显现

2017年10月,沙钢等投资人陆续注入2亿元流动资金,企业产能逐步释放。企业从销售市场开发、采购业务流程调整、抓关键指标降本增效、严细资金收支管理等方面大力挖潜,实现生产效率和效益较前9个月平均水平明显改善。10月当月东北特钢大连基地(不含未纳入重整范围的所属抚顺特钢等企业)钢材产量9.6万吨,营业收入8.1亿元,实现利润1033万元,铁、钢材产量全面超历史,真正实现自2011年搬迁改造以来首次月度盈利。11月以来生产经营形势继续好转,大连基地预计产量提高到11万吨,利润增加到1500万元。

近两个月东北特钢实现扭亏为盈,显著增强了销售客户和供应商的信心,销售客户开始回流,博世等国际著名企业主动商谈恢复过去的合作关系,东北特钢集团整体信誉在逐步回升。根据目前的生产经营形势,东北特钢规划2018年全面生产钢材产量187万吨,实现销售收入111亿元,利润5亿元,有望步入良性健康发展轨道。

(三)企业员工稳妥安置,干部职工队伍保持稳定

沙钢等投资人按照重整计划不裁减员工的要求,稳妥开展组织架构调整,在政策上给予妥善安排。建立经济责任制,完善工资制度,使企业职工分享重组后的发展收益。10月,随着公

司业绩提升,人均工资提高了约600元。按照11月预算,职工工资水平将进一步增加。职工安置稳妥大大提高了广大干部职工对东北特钢集团重整改革的认可,也进一步坚定了对东北特钢振兴发展的信心。东北特钢原有10位省管厅级干部有7位自愿选择留任。

四、东北特钢破产重整的经验总结

从目前情况来看,东北特钢破产重整取得阶段性进展。在债权人充分参与和利益保障、引进民企改造国有企业、企业职工队伍稳定、改善东北投资环境、有效处置"僵尸企业"债务、有序打破刚性兑付、推进市场化债转股等方面树立了良好的典型。其中在保障债权人充分参与、充分知情方面的安排在司法实践中还属于首创,最高人民法院正总结其经验用于指导今后破产案件的审理。东北特钢债务破产重整案例提供的重要借鉴包括:

一是企业破产重整应坚持以市场化、法治化为原则。东北特钢债权人委员会按照国务院国发〔2016〕54号文《关于积极稳妥降低企业杠杆率的意见》的精神,推出的重整方案安排既有效降低企业杠杆率,为其减轻负担轻装前行,同时又推动企业自我加压、深化企业内部改革,形成运行高效灵活的经营机制,有利于持续深化和推动国有企业改革。同时,东北特钢也成为我国首例债券违约重组和"债转股"企业,标志着中国债市在打破刚兑方面又迈出重要一步,为未来我国解决更多国有企业不良资产和债务的重组铺平道路。

二是打破债券刚性兑付的市场预期,平等保护各类普通债权人的权益。债券债权本质上是普通债权,对其实施特别保护并无法律依据,但破产审判实践却常常基于债券持有人人数众多、与金融机构债权人长期合作、社会维稳等非法治因素方面的考虑,对其实施额外全额清偿。东北特钢债券实质违约后,债市机构投资人也曾以公开谴责等多种方式施加压力,要求对债券类债权进行刚性清偿。由于意向战略投资人对债券持有人并无额外清偿的计划安排,违反意向投资人意愿,要求其对债券持有人进行全额债务清偿,既违反破产法关于债权平等的规则,也违反司法审判公平、公正的原则。因此,按照法治化规则,打破公募债投资人公募债刚性兑付的市场预期有利于从根本上解决困难企业的债务问题。

三是实事求是保障投资人权益,严格按照破产法律规则制定重整计划。由于各方利益错综复杂、分歧严重,基本上不可能按照协商一致的规则达成共识,东北特钢债务重整采取了法治化解决利益分歧的道路。破产审判实践中,企业所有者权益是对出资人权益调整的最主要依据。个人是自己利益的最佳判断者,重整计划草案是否符合全体债权人的利益应由债权人会议进行集体表决。为此,东北特钢的破产重整过程中,管理人和债务人以债权人的利益诉求为导向,制定富有弹性的债务清偿方案,最大限度地尊重和兼顾各类债权人的利益,将重整计划草案能否最终通过完全交由债权人会议表决。

四是按照当事人意思自治原则进行重大事项决策。由于东北特钢等 3 家公司股东均为国资背景,辽宁省地方党委、政府的提前介入又引发了相关各方行政干预的负面猜测。为此,东北特钢破产重整以各方共识和提高司法公信力为导向,创新破产审判工作机制,要求管理人按照当事人意思自治的原则进行重大事项决策,确保决策结果的公信力。创设破产重整方案联合工作组,吸收主要债权人银行为工作组成员,有效地保证了主要债权人对破产重整工作的全程参与,以过程公开赢得了债权人的信任。

专题报告四 "僵尸企业"债务处置的
难点与困境

当前,我国针对"僵尸企业"债务处置采取了诸多政策措施,但债务处置工作中仍存在一些问题,债务处置进展相对缓慢,主要包括债务处置相关政策难以有效促进工作开展、债权债务双方处置工作面临难题以及缺乏有效的配套激励措施三个方面。

一、已有政策难以有效促进债务处置工作展开

当前,针对"僵尸企业"债务处置工作存在政策法规不健全、不明晰,"僵尸企业"标准认定困难、地方政府和金融机构对"僵尸企业"难以割舍等问题。

(一)政策法规不健全、不明晰,无法有效促进"僵尸企业"债务处置

一是债务处置政策不明,观望情绪较为浓郁。目前,国家关于"僵尸企业"债务处置并无明确的政策,缺乏操作细则,例如对于"僵尸企业"处置的基本原则是"多兼并重组,少破产清算",但没有说明哪些企业应该兼并重组,哪些需要破产清算,缺乏实施细则;部分地方政府主导的债务重组和破产重整进展缓慢,配套措施不完善。而且,国家虽然出台了相关政策,但是

从政策出台、落地到见效需要较长时间,在此期间一些企业经营和财务状况持续承压,可能出现资金链断裂的情况,形成或扩大金融债务的逾期。因而企业存在较为浓郁的观望情绪,这种观望情绪不仅仅体现在"僵尸企业",也包括债务处置相关的地方政策和金融机构,同样在等待国家相关政策及实施细则出台。另外,有关政策执行条件严格且有关程序和标准还不明晰,实践中不好把握。

二是相关法律法规不健全让"僵尸企业"退出机制不畅。从目前来看,我国对于"僵尸企业"的相关处理开展较为困难,其中非常重要的一个问题就是由于相关的法律法规不健全,不能够有效地让"僵尸企业"迅速地从市场中退出,因而遏制了许多行业的发展。申请破产也是处置"僵尸企业"的办法,然而我国企业申请破产的流程较为复杂,处理时间很长,缺少简易破产程序的规定。因此,企业无法达到短期内迅速从市场中退出,从而有效地减少"僵尸企业"的数量。从司法实践的角度看,当前国有"僵尸企业"处置存在受理难、协调难和审理难。首先,企业破产申请要得到法院的受理难。目前,我国执行破产程序复杂、时间漫长,并不适合法院自身的考核制度,办案人员也不愿意接收企业破产,特别是国有企业破产案件。其次,破产程序启动后,对各方利益的协调困难。企业破产涉及职工安置、土地厂房设备的处置、利益关系人利益协调等,国有企业的顺利破产还需得到国有资产监督管理委员会和相关政府部门的支持。国有企业管理人员行政色彩浓厚,多听命于上级主管部门或其他行政单位,无法真正保持中立,影响利益协调的公正性。最后,现行金融税收等立法、执法体制与企业破产法不协调,造成企业破产案件审理难。如,根据《企业破产法》,税收的债权一般应在破产财产处置时给予优先办理,但实际情况是税务、电力部门往往提前采取强制性措施,征收欠缴的税款和电费,这就降低了破产财产的实际清偿率,增加了法院破产审理和资产重整重组的困难。另外,我国 A 股退市制度同样不健全,股市成立 20 多年来,真正宣布退市的上市公司只有 40 多家。"僵尸企业"的"壳资源"不仅能通过重组、并购等重新出售获利,还能作为一个题材被二级市场的投机资金"热炒"。

三是"僵尸企业"成因区分不明,成本分担机制尚不明确。"僵尸企业"形成有企业自身和市场因素,但是很多企业普遍认为企业困境很大程度上是由于前期刺激政策、去产能等政策导致的,需要有国家统一政策进行处置,这在涉及非国有股东时更是如此。企业的关停,是市场化经营的主动出清还是政策被动关停,现实中难以分辨,相应地债务是否涉及去产能政策也难以准确划分、厘清边界。政策性原因和市场、企业自身原因产生的"僵尸企业"债务处置方式应有何不同,政策性因素和市场性因素的界限如何区分,如何分担成本,如何保障企业、银行的合法权益,均没有一个明确的政策界定,影响了"僵尸企业"债务处置工作进程。此外,部分"僵尸企业"性质为股份合作制或混合所有制,企业的股东既包括国有股东,也包括民营股东,处置成本在不同成分之间难以进行公平有效的分担。在进行债务处置过程中,债务最终只转移至集团公司,增加集团公司负债,使得集团公司总体资产负债率上升,加大集团公司的还款负担。同时,该类存在民营股东的企业往往存在较为突出的协调问题,国有股东和民营股东对于国家去产能政策的理解和接受程度不同,尤其是面对去产能等政策所导致的企业停产、债务处置、资产损失等核心问题,很难达成一致意见。

(二)"僵尸企业"标准认定难,相关信息不对称

目前,"僵尸企业"认定标准还未统一,且已确定名单不能在相关机构之间共享,使得债务处置缺乏时效性和针对性,处置效果欠佳。

一是"僵尸企业"认定存在歧义,无法形成统一标准。按照何种标准来界定"僵尸企业"?何时处置"僵尸企业"是最佳时机?应制定怎样的处置"僵尸企业"路径?无论政府、行业协会还是学术界都尚未给出权威的解答。"僵尸企业"问题由来已久、成因多种多样,处置和退出市场面临的主要矛盾也各不相同,对"僵尸企业"的处置确实存在较大困难。解决这些问题的前提是确定哪些企业属于"僵尸企业"。当前,确定"僵尸企业"的办法主要有 CHK 标准、FN 方法、HK 方法以及中国人民大学国发院标准等方法,但是很难说哪个方法是最适合的,不同方法计算出来的结果也各不相同。以最具代表性的 CHK 方法为例,该方法具有多重优势,如测算所需的数据可以从财务报表等公开渠道获取,只需要计算单一指标就可以作出判断,便于实际操作,但是该方法也存在诸多问题:第一,它只是根据是否存在银行利息减免这一个维度进行判定,容易将"非僵尸企业"错误地归为"僵尸企业";第二,可能将一些实际上的"僵尸企业"误认

为正常企业。例如,银行补贴"僵尸企业"的方法不仅限于提供更低的利率,放宽审查、借新还旧等方式都可以帮助"僵尸企业"活下去,有的"僵尸企业"就会成为漏网之鱼。同样道理,HK、FN、人大国发院标准等方法也或多或少有类似问题。相关政府部门对"僵尸企业"还没有统一的认定标准,从过去处理过剩和落后产能等情况来看,如果对"僵尸企业"划定过宽,很容易让一些原本可以依靠自身力量调整过来的企业一下子被贴上"僵尸企业"的标签,导致自我调整中断。界定标准无法统一,使得银行等金融机构在政策上把握难度较大,还使得少数地方政府在"僵尸企业"标准上把握比较随意,一些正常经营企业突然关停、破产使得银行非常被动。

二是"僵尸企业"相关信息不对称明显。目前,"僵尸企业"相关信息不够透明,国家相关部门虽然明确了中央企业、煤炭行业等行业"僵尸企业"划分条件与标准,但尚未向相关银行等金融机构提供"僵尸企业"名单,银行等金融机构目前主要通过互联网或被动接收政府文件获取相关政策及信息,在"僵尸企业"债务处置过程中,存在一定程度的企业与政府、集团母公司与子公司等之间的博弈过程,相关决策出台之前,均对银行等金融机构予以保密,信息的滞后和缺乏严重影响银行等金融机构工作的时效性和针对性。部分地方政府在化解过剩产能、实现脱困发展的工作中,对已确定关停企业数量、"僵尸企业"名单等重大信息不对银行公开,使得银行在"僵尸企业"贷款退出、不良贷款清收处置及债务重组过程中面临认定"僵尸企业"的困惑,掌握信息不全,缺乏相关的决策依据,工作缺乏针对性和主动性,影响银行的资金安全和工作效率。此外,企业资产信息不透明,转移资产至关联企业等疑似逃废债行为严重。有些已无心继续经营风险企业,企业主为逃避银行债务,有预谋转移资产和股权,但这类疑似逃废债行为,银行由于难以取得确凿证据而无法向监管部门以及公安机关进行申报。

(三)地方政府和金融机构对"僵尸企业"难以割舍

地方政府和金融机构一面努力推动"僵尸企业"债务处置,另一面对一些"僵尸企业"难以放下,这种矛盾的心理在一定程度上妨碍了债务处置进程。

一是地方政府对企业存在过度保护和刺激的倾向。地方政府为了稳增长、保就业、维稳等问题,不断对"僵尸企业"输血,给予资金和政策支持,导致"僵尸企业"僵而不倒。就地方政府而言,有些"僵尸企业",尤其是钢铁、煤炭行业企业是地方传统利税大户,在其现金流紧张的情况下,授信回收涉及区域金融安全、社会稳定等多方面问题,如果辖区内一个大型"僵尸企业"破产,可能危害到配套的供应商、购买者甚至整个产业链。而为维持经济繁荣和就业充分,地方政府会通过各种手段保护管辖范围内的"僵尸企业"。而且,地方政府认为如果放任"僵尸企业"退出市场,则以前通过追加投资、税收优惠、低价土地等方式给予的前期投入就会打水漂,成为无法回收的沉淀成本,甚至相关官员也会被追究责任。还有地方政府认为,本地企业破产有损形象,因而限制债权人起诉,使得本应该破产清算的企业难以通过司法途径退出市场。

二是金融机构对国有企业的非市场化支持。国有企业通常有政府兜底、坏账风险较小，因此银行更倾向于贷款给国有企业；政府常常干预国有银行的信贷决策，为辖区内的国有企业提供优惠贷款。然而，一旦国有企业遇到经营困难，银行也会使用非市场化的思路来解决问题。"僵尸企业"的快速退出将造成金融机构不良贷款的大量涌现，通过金融机构的传导机制，"僵尸企业"将诱发金融机构的信贷风险。因此，出于防范系统性风险的考虑，政府的货币部门倾向于干预正常的信贷市场，帮助那些他们认为可能引起系统性经济风险的企业获得信贷支持，使那些资不抵债的企业仍能存活。商业银行的一些基层机构出于政府的刚性兑付、业绩考核、害怕追责等考虑，往往会继续向已经失去盈利能力的国有企业提供贷款，最终催生出许多"僵尸企业"并维持"僵尸企业"运转。与此同时，现在企业互联互保是一种普遍现象，众多企业都处在连环担保链上，一个企业破产，可能会连累其他企业。由于担心产生系统性风险，银行继续为"僵尸企业"续贷，导致企业僵而不倒。

二、债权债务双方处置工作面临难题

银行等债权人以及"僵尸企业"双方在债务处置工作中，均出现了一些问题。从债权人角度来说，主要有执行债务核销减免政策有难度、银行等机构权利无法充分保障等困难；从债务人角度来说，主要有企业参与处置的积极性不高、出现逃废债现象以及债务清分存在较大困难等问题。

（一）债务减免、核销有难度，银行权利保障程度低

在债务处置过程中，债务减免和债务核销是常用的手段，但是债务减免核销政策模糊、缺乏必要的配套措施、债权关系不清等问题阻碍了债务减免和债务核销发挥更大的作用。

（二）债务减免核销政策僵化，金融机构实施空间较小

不良贷款采取减免核销是金融企业经营中重要的组成部分，是银行等金融机构防范风险、提高资产质量的重要环节，但是减免核销处置方式在实施中存在一些问题，债务减免、核销政策较为严苛和僵化。

一是在贷款授权方式上有较大限制。金融企业未设股东会的，贷款减免权利由出资代表人享有或由出资代表授权金融企业享有。有的金融机构，例如政策性银行国家开发银行没有设立股东会，出资人为政府部门，按照规定执行的话就变成政府直接授权减免债务；而且，金融机构作为直接的经营管理者对企业情况相对了解，而出资人或出资代表对情况不熟悉，很难作出适合的决策。因此，该项规定在实际执行过程中很难落地。

二是金融企业自主减免权限较低。国有独资及国有控股的商业性金融机构单家减免单户贷款本金及利息之和在 5 亿元以下的可自主减免，5 亿元以上的需要提交财政部商有关部门审核，报国务院批准后实施；政策性银行减免表外应收利息可自主减免，减免本金与表内应收利息需提交财政部商有关部门审核，报国务院批准实施。实施贷款减免的对象是发生财务困难、无

力及时偿还贷款本息的借款人,对金融机构来说是为了不良贷款,最大限度回收债权,按照减免额度设置减免权限不利于金融机构展开相关业务。

三是履行贷款减免程序复杂。必要的程序包括"证明通过司法手段回收的债权明显少于贷款减免的回收债权","证明处置抵押物回收的金额少于贷款减免的回收债权","证明实施贷款减免由于其他债券回收方式、并可实现债权回收价值最大化"以及"由金融企业的资产保全、风险管理、法律合规、预算财务等部分分别进行评估并提出意见,确认贷款减免优于其他债权回收方式",而在实际操作中,不良债权的回收存在很多不确定因素,定量论证贷款减免回收债权的最优性难度极大。

四是责任认定及追究不利于贷款减免进行。财政部《关于加快金融企业不良资产处置有关问题的通知》规定对确系主观原因形成损失的,应在贷款减免实施前完成责任认定和对责任人的追究。该要求不利于贷款减免工作的推进,使有前景的企业无法盘活,金融机构失去最大限度回收债权的良机。另外,不良贷款不得实施减免的条件中有借款人通过各种方式转移资产、逃废债的,以及银行存在贷后管理不善责任的情形,鉴于相关的程序和标准还不明晰,实践中不好把握。

五是现行减免政策也未区分贷款本金减免与欠息减免的标准及条件,致使实际工作中进行此类企业债务减免较为困难。考虑到减免金额确定难度较大、容易被其他债务企业恶意仿效形成逃废债、对当地金融生态可能产生不良影响等诸多因素,对减免债务本金的做法还较为谨慎,多数都采取减免部分欠息,即还款免息方式操作。在债务核销方面,也存在"应核未能尽核"的问题。

(三)部分不良贷款处置政策适用性不好

目前,银行可将单户"僵尸企业"不良贷款向整合兼并该债务企业的第三方转让,但实际操作中,兼并方介入债务企业时,银行债权已经有了明确的安排,无须再向兼并方转让。《贷款风险分类指引》规定:"需要重组的贷款应至少归为次级类。……重组贷款的分类档次在至少 6 个月的观察期内不得提高"、《关于进一步加强信用风险管理的通知》规定:"只有符合所有逾期的本金、利息以及其他欠款已全部偿还,并至少在随后连续两个还款期或 6 个月(按两者孰长原则确定)正常还本付息,且预计之后也能按照合同条款持续还款的不良贷款,才能上调为非不良贷款"。实际工作中,部分"僵尸企业"与经营困难企业贷款往往尚未形成不良贷款,债权银行通过实施债务重组帮助企业渡过难关,避免形成不良贷款,实现企业脱困与银行债权保全是近期银企共同追求的目标。如果一定要将企业贷款调入不良贷款,对各方均不利,另外如果实施重组后贷款形态仍要维持不良贷款形态且 6 个月内不得提高,企业反而在融资、发债、业务经营等方面受到诸多限制,也与企业改革重组、引入战略投资者改善企业经营、降低债权银行贷款风险的实际需要不相符,难以达到各方积极推动重组转化的目的,增加了开展重组业务的难度。

（四）债务处置过程中债权银行诉求难以获得支持

在当前的经济形势下，对大而不能倒的"僵尸企业"进行债务重组是稳定金融环境，维护社会稳定，帮助企业生产经营好转的重要措施。破产法对破产重组程序有明确规定，但是也存在一定不足。近年来，企业破产重组案件增多。进入破产重组程序后，由于企业审计、资产评估、偿债能力分析以及战略投资者引入、破产重组方案商谈、制定等，往往有破产管理人、地方政府、企业主管部门和法院主导，债权银行缺少诉求表达机制与参与途径，仅仅能对破产管理人提交的破产重组方案投票表决。但是，法院的主导因素又太强，比如破产程序中的关键角色"管理人"由人民法院指定，未通过表决组通过的重整计划草案法院有强行裁定批准的权利，实际上债权银行很难参与破产重组方案制订。地方政府、企业主管部门处于对职工安置、顺利引入战略投资者或企业持续经营等考虑，往往优先考虑对企业的救助、保护职工及中小债权人利益，债权银行利益往往被忽视。当前司法环境中地方政府还是有很大的影响力的，大而不能倒的"僵尸企业"又往往是地方上的大型国企，这样在实践中往往导致债权银行的被动，形成较大损失，影响债权银行处置的积极性，致使企业破产重整推进困难。很多案例显示，无论是破产重组还是破产清算，往往是"破"银行，债权人的权益得不到有效保障。

另外，执行难也是在清收诉讼中银行普遍面临的问题。执行工作中不同程度地存在被执行人难找、被执行人财产难寻、协助执行人难求、应执行财产难动等困扰。银行案件一般而言在胜诉方面问题不大，但是执行的效率不尽如人意，而执行的结果和效率又是银行极为关注的问题。在当前执行程序中，现行法院主导型的执行模式对于执行效率提高存在障碍。

（五）企业参与债务处置的自我意识不足，逃废债行为增多

许多"僵尸企业"对于债务处置自我意识不足，存在抵触情绪，且债务违约行为呈现增多趋势，不利于债务处置顺利进行。

一是企业参与债务处置的积极性不高。企业的兼并重组可以提高企业在市场中的占有率，同时也可以降低税收，为企业带来更好的利润和收益。然而，许多"僵尸企业"由于自身经营问题，企业技术水平不高、资产状况较差，对兼并主体来说很难获得较高价值的新资产，导致并购方企业无法看到市场前景及想要的收益；另外，"僵尸企业"的企业文化在短期内难以与兼并主体的企业文化融合，增加了管理难度，使兼并主体担忧。这些问题使得理性投资者望而却步，缺乏对于"僵尸企业"的并购态度。相对而言，被并购方担心企业一旦被并购重组，就会失去长期以来的资金投资方的相关资金回流，"僵尸企业"针对这一问题，都表现得极为敌对。例如，巨量无效资产核销后导致企业资不抵债，企业信用等级大大下降，影响政策生产经营，川煤集团去产能矿井涉及资产总额 80 亿元，属于沉没资产，全部核销将使企业严重资不抵债；而且，债务处置中的资产损失会冲减企业的当期收益，影响企业绩效考核，降低了企业领导人处置债务的积极性。

二是企业债务违约现象增多。自 2016 年以来,部分国有企业已陆续出现债务违约,除去银行处于风险防控考虑,收缩信贷投放,导致企业资金链断裂的原因外,更多的是一些企业以债务重组为由逃废银行债务,个别企业有预谋转移资产和股权、故意逾期等行为,担保企业也消极履行代偿责任。目前,部分地区出现通过破产重整、法院强裁等手段而使逃废债务的情况越加明显,且呈现出向全国蔓延趋势。例如,江西赛维通过地方司法途径强裁,大幅削减银行债务事件已形成负面示范效应。同时,中部、环渤海、东北部分区域信用风险上升,在处置担保圈等风险时,企业逃废银行债务的倾向也有出现。

三是债务清分难度较大,债券债务关系无法对应。集团统贷统还导致债权关系不清晰。在统贷统还的情况下,下属企业的资金占用较难一一对应到集团内部的外部债权人,很难实现"僵尸企业"企业债权债务关系的一一对应。目前,部分企业主要根据涉事企业资产在集团公司中的比重作为计算依据,相应计算其对应的债务,但从金融机构角度看,这种债务分割方法并不具有法律效力,也不能据此确定金融机构对"僵尸企业"的债权。

三、缺乏有效的配套激励措施

"僵尸企业"债务处置工作牵涉范围较广,除了需要在针对具体债务处置方式上有所建树之外,还必须拥有相应的配套措施,以便工作顺利展开。但是,现实情况是缺乏有效的配套措施,主要体现在"僵尸企业"社会责任分离处理不好,债委会工作没有充分发挥作用,以及税收优惠、资产处置变现难等问题。

(一)部分企业社会责任多,人员安置资金缺口大

"僵尸企业"中的一部分承担了较多的社会责任,特别是国有企业,且政府安排的人员安置资金无法有效覆盖需求,拖累了"僵尸企业"债务处置进程。

一是企业社会职能尚未剥离,政策性负担较重。很多企业还承担了相当一部分的社会责任,让债务处置工作难度增加不少。部分老国企未充分转制,历史包袱沉重,包括:退休人员管理和社会管理,内退人员工资和社会保障、幼儿园教育、职工生活区"三供一业"等。虽然相关政策已对企业移交"三供一业"等做出了安排,但由于去产能企业所在地区多属于财政困难地区,地方财政往往无力承接,存在拖延承接或者表面承接实际仍由企业承担运行费用的现象。企业虽然已经破产清算,但还需要支付承担相关社会职能的费用,这给债务处置增加了相当难度。

二是职工安置资金缺口大,使用范围不明确。"僵尸企业"债务处置一大难题就是人员安置工作,债务处理原则之一就是"保人不保企",但职工安置所需资金规模较大,国家扶持资金相对较少,很难满足职工安置需求。截至 2016 年年末,临汾钢铁公司职工分流安置所需资金总缺口 2.54 亿元,职工安置所需缺口较大;川煤集团目前欠"五险一金"就高达 26 亿元,安置资金远远无法满足需求。另外,职工安置资金使用范围不够明确,如"清偿拖欠职工的工资、社会保险费等历史欠费"的期限要求

不明确,"僵尸企业"很多都是资源枯竭、长期亏损、长期欠薪欠保的企业,有些历史欠费是前期经营期间形成的,部分欠费已在关闭前通过集团内部借款清偿,是否可以在国家扶助资金使用范围弥补需要明确;"其他符合要求的职工安置工作"不明确,是否包括职工培训设施的投入、职工再就业培训支出、职工待岗期间生活费、关闭煤矿留守人员的薪酬、集团垫付的安置职工资金的利息支出等。

上述情况导致职工安置问题突出,企业很难及时摆脱职工安置等带来的相关社会负担,债务处置压力较重。职工安置等社会负担引致的另外一个问题就是"僵尸企业"注销存在税务缴纳清算、工商公告等一系列政策障碍,如果注销公司,职工安置等社会问题影响极大,导致对此类企业采取破产清算等手段进行债务处置困难重重。

(二)债委会工作效果不佳

组建债委会是目前处理"僵尸企业"债务问题的重要方式。但是,债委会工作面临的一些难题制约了其工作效果。

一是缺乏牵头动力,重视程度不够。组建债委会缺乏一定的牵头动力,各债权人工作主动性有待提高,各债权人对债务的处置手段不尽相同,往往出于各自利益考虑采取单方面行动,而组建债委会往往存在处置见效慢、沟通协调累、达成共识难等问题;部分银行金融机构认为债权人委员会是维护资不抵债的企业债权人权益的组织,且作为金融机构相关分支机构的成员单位对于与融资方案和清偿方案直接相关的重大事项并无实际决策权限,因此对运行正常的企业成立债权人委员会不够积极、重视程度不足。

二是债委会成员单位较多,协调沟通困难,很难形成合力。由于债委会缺乏有效的沟通机制,同业之间存在无法及时联系到各债权人的问题,导致同业之间及时组建债委会和后续有关方案的统一实施均存在一定的困难。此外,"僵尸企业"债权单位较多,难以达成共识,如"川威集团债权银行帮扶工作委员会"共有46家债权金融机构组成,每家债权金融机构平均债权规模仅为5亿元,协调难度较大,存在明显的集体行动困境。而且,债委会与企业的供应商等其他债权人沟通不畅,意见难以统一,导致在帮扶企业时出现其他债权人的诉讼,增加了帮扶难度。

(三)税收等配套政策不明确,影响了债务处置积极性

不仅部分地方政府主导的债务重组和破产重整进展缓慢,而且相关的配套措施也无法实现,成为阻碍债务处置的又一障碍。

一是税收政策不明确,影响债务处置的积极性。涉事企业在一定期限内欠缴的税金,以处置不动产方式进行债务处置,均未明确税收优惠政策,导致企业对债务处置无积极性,相关企业债务处置的金融机构税收优惠方面尚未出台有利政策,致使相关金融机构无论从自身利益,还是从经营风险方面都不愿过早涉足企业债务处置的重组,而仅仅是通过倒贷、续贷、继续收息等方式延续相关债务。

　　二是资产处置与变现困难,物权制度难以落实。当前,政府在债务处置中缺乏支持土地、厂房等资产变现的政策,资产处置难以展开。虽然有的"僵尸企业"经营困难,但是它们大多拥有土地、厂房、固定资产生产设备等相关资产,可是现有的政策无法支持"僵尸企业"对这些资产进行有效的变现、处置。实际上,"僵尸企业"这些资产并不是全无用处,如果能利用类似产权交易平台等方式有效地将它们利用起来,则可以在很大程度上减轻企业债务压力,加快债务处置工作进程。

　　此外,地方政府在物权制度的落实上政策不一,存在对"僵尸企业"债务处置不作为的情况。比如,有的地方第三方抵押操作无法办理,还有的地方无法办理采矿权二次抵押,一些地方煤矿采矿权抵押需要企业缴清相应的资源价款,这些不统一的地方规定导致以授信重整为抓手的债务处置困难重重。

专题报告五　"僵尸企业"债务处置
的政策建议①

习近平总书记指出,在经济工作中,宏观政策要稳、产业政策要准、微观政策要活、改革政策要实、社会政策要托底;要把国有企业降杠杆作为重中之重,抓好处置"僵尸企业"工作。"僵尸企业"债务处置是"僵尸企业"处置的主要工作之一,在宏观上涉及提高宏观经济生产率和降低债务水平,在产业上涉及众多产能过剩行业的结构调整和转型升级,在微观上涉及企业与银行对成本收益的权衡,在改革上涉及去产能和去杠杆任务的完成,还涉及职工债务偿还、职工安置等关乎社会稳定大局的工作,必须全方位统筹考虑,着力在政策、体制方面创新,既要打破阻碍市场发挥资源配置决定性作用、通过市场机制处置"僵尸企业"债务的藩篱,更要通过多方面完善政策有效弥补市场失灵,确保"僵尸企业"债务处置工作平稳有序有效进行,有力助推供给侧结构性改革去产能和去杠杆任务完成。

一、"僵尸企业"债务处置工作需处理好四大关系

"僵尸企业"债务处置是一项系统性工作,既要注重市场对

---

① 需要说明的是,由于"僵尸企业"的敏感性,政府无法直接指定"僵尸企业"名单。因此,本报告提出的"僵尸企业"债务处置政策建议,更多是疏通市场主体自主发现"僵尸企业"并发起"僵尸企业"债务处置的渠道,祛除梗阻,并非主要直接指定相关市场主体以某种方式处置"僵尸企业"。

资源配置的决定性作用,也要注重更好发挥市场作用;既要注重提高经济效率,也要注重提高资源配置的公平;既要充分考虑国有性质"僵尸企业"的特性,也要充分考虑非国有性质"僵尸企业"的特征;既要注重使用兼并重组的方式,也要注重使用破产清算方式。

(一)要处理好市场与政府的关系

党的十八届三中全会指出,要充分发挥市场在资源配置中的决定性作用,更好发挥政府引导作用。在"僵尸企业"债务处置过程中,市场作用与政府作用相辅相成,政府引导,市场主导,政府不该管的不管,该少管的少管,让市场充分发挥作用;同时,政府该管的要管住,该支持的要有力度,有效弥补市场失灵。债权人、债务人、企业职工、其他重组参与方等各市场主体根据自身实际需求开展或参与"僵尸企业"债务处置,自主协商确定"僵尸企业"债务处置的具体方式、各类交易的价格与条件并自担风险、自享收益,切实防止应由市场主体承担的责任不合理地转嫁给政府。一方面政府要完善银行债务核销减免、简化企业工商注销登记、完善国有资产交易机制等制度规则,为市场化法治化债务处置创造良好的政策环境,打破制度藩篱,更好发挥市场这只看不见的手对资源配置的决定性作用,提高资源配置效率。另一方面也要加强组织、引导和协调工作,对符合国家有关政策的"僵尸企业"债务处置,从财税、监管政策上提供支持,为"僵尸企业"债务处置提供药引子和催化剂,适当降低相关参与主体的风险和成本,增加对职工债务处置和职工安置的支持力度,有效维护社会稳定,弥补市场失灵;政府也要依法依规对各市场主体的行为进行监管,通过信用体系建设有效约束市场主体的行为,尤其要注重打击恶意逃废债,确保"僵尸企业"债务处置在法治化的轨道上平稳有效推进。

(二)要处理好效率与公平的关系

效率与公平的平衡是所有拟出台政策都须考虑的核心问题。在"僵尸企业"债务处置过程中,既要从工作方式上考虑效率与公平,也要从处置结果上重视效率与公平。从处置方式上看,如果强调效率,则出台一刀切式的政策,类似于20世纪90年代末的债转股,圈定企业名单后,强制银行对这些企业的债券转移至国有金融资产管理公司,由财政资金对资产转移统一支付对价,这种工作方式会在短时间内解决"僵尸企业"债务处置问题,但会不可避免地造成部分应该破产清算的企业得到救助,部分拥有有效资产且在政府支持下能通过兼并重组获得新生的企业被破产清算,有碍公平。因此,要充分考虑到"僵尸企业"处置工作的效率与工作结果公平的平衡,政策既要考虑到短时间内减小,也要充分赋予市场主体协商谈判的时间和空间,有效实现"僵尸企业"债务处置的优胜劣汰。从处置结果上看,如果过度强调效率,作为破产企业或被重组企业,为最大可能降低成本提高收益,会清退部分甚至大部分原有职工,削减部分甚至大部分的职工债务,导致大量原有职工在劳动力市场中"另谋出路",考虑到"僵尸企业"的形成多有体制性因素的存在,在很多国有老企业,很多职工甚至"将青春献给了企业发展",纯粹按照市场化原则处置职工债务和安置职工显然有失公平。因此，要充分考虑到处置结果的效率与公平，政策既要使得重组后的企业更有效率地运营，也要充分考虑到职工债务处置和职工安置的公平性。

（三）要处理好国企与民企的关系

"僵尸企业"既有国企也有民企，以国企为主。推动"僵尸企业"债务处置的政策措施既要依照法律法规，一视同仁地支持各类金融机构等市场主体参与处置国有和民营性质"僵尸企业"债务，也要认识到国有企业出资人和股东为国家的特殊性，在不违法公平竞争的前提下，从股东对企业债务负责和对企业职工负责的角度作出一些安排，从促进国有企业混合所有制改革的角度作出一些倾向性设计。例如，国有企业集团的子公司为"僵尸企业"情形，可考虑多方面补充国有企业母公司的资本金，降低企业资产负债率。

（四）要处理好兼并重组与破产清算的关系

中央经济工作会议明确提出，"僵尸企业"处置要多兼并重组，少破产清算。多数企业成为"僵尸企业"的原因为经营不善、制度性负担过重且政府和银行出于维稳和避免损失暴露等考虑，各市场主体通过市场化方式出清"僵尸企业"的动机不强。部分企业的技术设备并不落后，但企业利润往往为负，只要创造良好政策环境支持市场主体对"僵尸企业"实施市场化兼并重组（尤其是通过破产重整实现债务重组和业务重组），对企业资产和负债进行市场化定价,进而改革经营体制,改善经营管理,完善治理结构,有效处置债务和裁减冗员,"僵尸企业"的资产仍可充分盘活,技术设备人才仍可有效保留,相关各方仍可能取得相对多赢的结果。也有很多"僵尸企业"是长期亏损、扭亏无望且已丧失有效资产,环保、技术、设备均已落后或不达标,应创造条件对这类企业破产清算,依法定程序处置债权债务关系明确的债务。

二、"僵尸企业"债务处置的总体要求和原则

"僵尸企业"债务处置的总体要求是:全面贯彻党的十八大和十八届三中、四中、五中全会精神,认真落实中央经济工作会议、全国金融工作会议和政府工作报告部署,坚持积极的财政政策和稳健的货币政策取向,以市场化、法治化方式,通过推进兼并重组和破产清算相结合的方式有效处置"僵尸企业"债务,加快促进"僵尸企业"出清,助推供给侧结构性改革,助推国有企业改革深化,助推经济转型升级和优化布局,提高资源配置效率和经济运行效率,为经济长期持续健康发展夯实基础。

(一)坚持市场主导、政府引导原则

"僵尸企业"债务处置要充分发挥市场在资源配置中的决定性作用,更好发挥政府引导作用。债权人、债务人以及其他相关市场主体,依据市场化、法治化原则开展"僵尸企业"债务处置,自主协商确定"僵尸企业"债务处置的具体方式、各类交易价格并自担风险、自享收益。政府要完善破产法、债务重组、企

业工商注销登记等制度和规则,为市场化、法治化债务处置创造良好的制度环境;同时要加强组织、引导和协调工作,推动金融机构和企业积极开展债务处置,对符合国家有关政策的"僵尸企业"债务处置给予适当政策支持。中央政府要对地方所属"僵尸企业"债务处置进行考核。

(二)坚持依法依规、稳妥有序

政府与市场主体都要依法依规。充分尊重债权债务关系,对具备清偿能力的债务要在依法合规的范围内积极追索,切实防止逃废债等道德风险;对不具备清偿能力的债务要严格按照企业破产、重组等法律法规,开展债务重组、破产清算或破产重整,有效切断担保链、债务链传染;要注重依法保护债权人、投资者和企业职工合法权益。要综合运用多种债务处置工具措施,与企业改组改制再造、化解过剩产能、促进产业转型升级等工作有机结合,稳步推开、协同推进,注意防范和化解各类风险。

(三)坚持公平公正、分类施策

"僵尸企业"债务处置要区别不同情况分类施策。要根据债务形成过程中不同主体的不同责任,落实尽职免责,公平分担损失。要区分债务形成原因,对因政策形成债务损失给予适当政策支持,对存在违法违规因素的债务损失严肃追责。结合去产能,研究出台钢铁煤炭等去产能行业"僵尸企业"债务处置的专项政策,加大奖补资金力度,推动去产能工作开展。

三、推动"僵尸企业"债务处置的思路

(一)整体出清"僵尸企业"债务处置的思路

一是推动无营业价值、无清偿能力的"僵尸企业"破产清算。对工艺落后、长期亏损且扭亏无望、通过其他方式不足以摆脱困境、破产清算的"僵尸企业",根据企业破产相关法律规定的要求实施破产清算。鼓励债权人依法及时提起破产清算申请。破产清算企业应优先清偿职工税款和税务欠款。

二是支持部分营业价值但无清偿能力的"僵尸企业"破产重整与和解。对资不抵债濒临破产,但市场前景较好、有维持价值和再生希望的企业,鼓励债权人、股东依法进行业务重组和债务调整,在重整程序中坚持市场化导向,引导各方充分协商,重整计划要涉及债务重组、营业整合和资产重组,支持债权人加强协商,鼓励通过债转股、债务延缓、债务削减等方式依法进行债务和解,实现企业浴火重生。

三是鼓励有部分营业价值且未出现资不抵债"僵尸企业"兼并重组。对工艺技术较为先进、有部分有效资产,且产业集中度不高、同质化竞争严重行业内的"僵尸企业",鼓励行业内优势企业以承债重组等多种方式开展市场化兼并重组,采取债务重组、业务重组、产权重组等方式,整合盘活企业资产资源,提高产业集中度,提升企业发展质量和效益。

四是对长时间无经营、无人员、无资产的"僵尸企业"尽快进入工商注销程序。

（二）部分出清"僵尸企业"的债务处置

一是鼓励市场化债务重组。企业集团内部部分企业属"僵尸企业"须出清而集团整体仍具备发展前景的,对集团通借通还或担保产生的债务,鼓励与相关债权人自主协商开展市场化债务重组。支持金融机构通过债务减免、调整贷款利率及期限和还款方式、债转股等措施实施债务重组。

二是对涉去产能债务处置给予政策支持。针对合法合规产能退出所平移至集团层面的债务处置,由于政策性因素造成损失导致集团资产负债水平明显超出行业平均水平,导致集团生产经营出现困难,难以按时偿还到期债务的,各级政府或各级国有资产管理部门应通过多种方式补充资本金,增强债务偿付能力。针对违法违规产能退出所平移至集团层面的债务处置,金融机构应按照法律法规和合同约定,积极追偿债务,落实涉及集团层面偿债责任和担保责任,严肃追究向违法违规产能提供信贷支持相关责任人的责任。针对落后退出产能所平移至集团层面的债务处置,要按照违法违规产能退出予以处置。

四、"僵尸企业"债务处置面临的困难

健全和完善"僵尸企业"债务处置政策的前提是准确发现和识别当前工作存在的问题和面临的困难。从实际问题和困难出发,客观理性,实事求是,方能提出切实有效的解决对策。

"僵尸企业"有多种类型,如,从是否实质性破产来看,包括虽有亏损但尚未实质资不抵债的"僵尸企业"和已资不抵债的

"僵尸企业";从是否整体出清来看,包括作为某个集团子公司或分公司的"僵尸企业"和集团整体的"僵尸企业"。债务性质也有多种,如,从债权人属性上看,包括职工债务、税务欠款、金融债务等;从债权债务关系是否清晰来看,包括由母公司统借统还债务或担保债务和独立法人借贷的债务。"僵尸企业"债务处置并不存在普遍性的问题,也没有一刀切式的解决办法。一般而言,"僵尸企业"出清过程都涉及债务处置,但债务处置并不一定都成为"僵尸企业"出清的困难,换言之,有些"僵尸企业"出清遇到的困难虽然涉及债务,但其症结不在债务处置。例如,对于尚未出现资不抵债的"僵尸企业",由于资产大于负债,无论采用何种方式出清"僵尸企业",债务均可得到一定程度的有效清偿,出清不易多因职工安置和企业体制改革困难,债务处置并非问题的主要矛盾。资不抵债"僵尸企业"债务处置出现困难的概率更高。

(一)整体出清"僵尸企业"债务处置的困难

整体出清"僵尸企业"的债权债务关系较为清晰,难处主要集中于直接的债务处置。中央提出,"僵尸企业"出清要多兼并重组、少破产清算。需要指出的是,破产重整和破产和解是推动企业债务重组的主要途径,破产清算则往往是推动无营业价值、无清偿能力企业的唯一手段。因此,要高度重视和充分利用依法破产手段处置"僵尸企业"债务。但在实践中,依法破产却遇到诸多困难。

一是依法破产启动难。政府、企业和债务人对依法破产的认识存在偏差,往往认为依法破产必然会导致破产清算和企业关闭注销,债权债务关系解除,职工大量下岗失业,税收大量损失,对破产重整和破产和解对债务保全和企业浴火重生的积极作用认识不足,因而往往对依法破产采取抵制态度。在政府方面,依法破产往往会造成银行债权损失显性化,相关债务需要减免,对债权人银行就意味着大量坏账,以及相关贷款担保企业可能引发的担保债务链风险,在银行对地方政府施加压力的情况下,政府会顾虑进入破产后是否会引发系统性风险,企业原承担三供一业在破产后往往需要移交地方给地方造成一定压力。例如,有些中央企业希望在地方的子公司破产,但地方政府出于社会稳定的考虑却不同意。在银行方面,"僵尸企业"走入依法破产程序后,不管是破产重整、和解或清算,银行债权损失会显性化,由于银行贷款减免核销政策有待完善,对责任人的尽职免责落实不到位,会触发银行发放贷款责任人的追责程序。再者,银行参与处置"僵尸企业"债务时往往导致贷款损失,对银行资本金产生较大压力,相关交易也会产生增值税、所得税等税收,因而银行参与因"僵尸企业"债务处置的内在动力也不足。在法院方面,基层法院破产审判能力薄弱,专门的清算与破产审判庭数量严重不足,即使进入破产程序,破产案件审理耗时长,涉及方方面面,需要做大量协调工作,当前法院对法官还是以考核结案数为主,尤其是员额滞后,案多人少现象突出,受理企业破产案件属于"吃力不讨好"。在企业方面看,我国"僵尸企业"主要集中在国有企业领域,即便出现需要申请破产的情况,仍可能依赖国有股东财务资助,或者粉饰报表继续举债,直到拖到最后一刻才进入破产程序,而此时企业债务已经明显放大,公司资产早已耗尽,由此给破产重整带来非常大的难度;再者,破产程序烦琐、耗时长、成本高,有的案件需要办理数年,需要申请人支付一笔巨额费用给负责审计、评估等工作的中介机构,而由于破产法没有规定这笔启动费用由谁垫付,往往导致无人支付破产费用而让破产案件难以启动。

二是破产重整协调难。破产重整涉及企业股东(很多企业股东往往是地方政府)、债权人、企业职工、投资者等多方面利益主体,涉及利益再分配和调整的关系复杂,相关政策存在进一步完善的空间,一定程度上不利于市场主体通过自主平等协商完成破产重整。在破产重整过程中,企业管理人员的责任追究实质形成了"僵尸企业"债务处置,由于"僵尸企业"往往是国有企业,股东原持有股权价值贬值甚至消失会触发国有资产流失的责任追究,国有企业管理人往往对破产重整持消极应对态度,不配合破产管理人和债权人开展相关工作;破产重整还涉及资产盘活和处置,以更大可能偿还中小债务人的债务,但国有企业资产处置的障碍往往较多,重要资产处于抵质押状态很难实现变现,国有资产处置变现程序烦琐,如企业原有划拨土地资产无法按照市场价值处置、剩余矿产资源处置也仍旧存在较多不确定性,往往导致无法实现资产按照市场价值变现。职工债务的刚性清偿也存在困难,表现在,虽然政府对职工安置有专项奖补资金,但奖补资金适用范围不够明确,如"清偿拖欠职工的工资、社会保险等历史欠费"的期限要求不明确,相当一部分"僵尸企业"为长期欠资欠保的企业,有些历史欠费是前期经营期间形成的,部分欠费已在关闭之前通过集团内部借款清偿,是否可在奖补资金适用范围需要明确,奖补资金在实际操作中存在冒领、挪用等违规行为以及对转岗安置支持不足、民营企业执行难、资金账户被冻结等问题。

三是"僵尸企业"工商注销程序有待简化。部分"僵尸企业"已多年无经营、无人员、无资产,虽仍有税务欠款和金融债务,但亟须通过注销的方式予以出清。当前,我国工商注销程序相对烦琐,如要求企业原股东提供注销的意见和结清相关税收的凭证,很多"僵尸企业"无法顺利通过注销实现出清。

四是相关监管政策有待完善。银行"僵尸企业"债务处置会导致贷款逾期,从而增加不良贷款,按照现行监管规定,对银行的贷款拨备等造成压力,监管部门在宏观审慎政策评估、监管指标考核、绩效考核等方面也会予以相应惩罚。

(二)部分出清"僵尸企业"债务处置遇到的困难

部分出清"僵尸企业"是指该企业是非独立法人实体或是某个集团公司的子公司,且集团母公司作为整体非"僵尸企业"。部分出清"僵尸企业"债务处置除会面临与整体出清"僵尸企业"债务处置的困难外,还面临债权债务关系不清晰、债务平移至母公司导致债务风险放大等困难。

一是债权债务清分难度大。近年来,在去产能背景下,部分尚未资不抵债的"僵尸企业"被政策性强制被动关停,相关资产核销后被低价出售甚至处于闲置状态,相应债务处置应有政策支持;同时,也有部分集团公司因市场环境原因主动去产能,关停所属子公司或所属企业。现实中很难区分主动关停还是被动关停,相应的债务是否涉去产能政策也难以准确划分、厘清边界。

二是债务平移增加集团公司债务负担。在经济增速放缓、企业利润下滑的情况下,金融机构根据内部授信管理要求,不断提高授信或担保条件,要求集团母公司为子公司统贷统还、统贷后再以委托贷款方式为下属公司提供资金、提供担保等,往往出现母公司为法律意义上的债务人却不实质使用资金。在处置这类"僵尸企业"时,往往会导致此类债务平移至母公司,加大母公司财务负担,甚至导致母公司债务违约风险,造成风险沿债务链担保链放大。

五、推动"僵尸企业"债务处置的政策建议

从上述"僵尸企业"债务处置面临的现实困难出发,实事求是,有的放矢,该完善的政策要完善,该废止的规定要废止,该放宽的限制要放宽,该出台实质性支持激励的政策要抓紧出台。

(一)多措并举破解破产启动难

一是要加强破产法的宣传教育。针对各级党政部门进行关于破产法的宣传教育,提高相关领导同志对企业破产以及市场经济优胜劣汰规则重要作用的认识。重点区分破产重整、破产和解和破产清算对企业、职工、债权人影响的不同,重视破产重整、破产和解对企业诊断治疗的重要作用,主动引导各市场主体通过破产重整和破产和解求得共赢,在有效保护企业优质资产

优质产能和债权人利益的同时,帮助企业浴火重生。

二是建立健全政府法院联动机制。政府与法院依法依规加强企业破产工作沟通协调,以当地政府为主导,建立府院破产联动机制,协调解决破产启动过程中可能出现的困难,如职工安置可能引发的社会稳定问题等。

三是地方政府要着力建立破产启动基金。针对破产企业无力支付涉及审计、评估等工作的费用问题,通过对相关第三方中介开展破产、重组相关业务收取一定的费用,建立破产启动基金。

四是增强破产审判力度。加快在全国建立破产审判庭的能力,增加法庭破产审判的能力,积极支持优化法官配备并加强专业培训,强化破产司法能力建设。规范和引导律师事务所、会计师事务所等中介机构依法履职,增强破产清算服务能力。改革法官激励机制,不以审结案件数量作为考核法官业绩的主要因素,综合考虑案件复杂程度、案件性质等因素,建立合理的考核制度。

(二)建立以债权人为基础的庭外重组决策与执行机制

充分发挥市场作用,以债权人委员会制度为基础,建立有约束力的庭外重组决策与执行机制,负责监督企业重组具体事务,从企业适度资产负债目标水平、重组流程步骤与资产负债和重组具体方式等关键要素上对重组参与方提出明确要求,仲裁和协调各方分歧。庭外重组方案依多数制表决通过,无须取得全部债权人同意,以提高重组效率,避免久拖不决。庭外重组关键环节设置时间节点,要求参与重组方严格遵循时间表推进重组工作。注重庭外兼并重组与庭内破产程序的相互衔接,探索适用于预重整制度,开展自主重组、协议重组和协议并司法重组。

(三)在国有资产管理规则方面加强支持

一是进一步明确、规范和简化国有资产转让程序。细化涉"僵尸企业"国有土地,完善"僵尸企业"债务抵押物处置规则。"僵尸企业"退出的划拨土地,政府土地收储机构给予的补偿金应按照土地评估市场价值计算,补偿金主要用于职工安置和债务处置。出台剩余矿产资源处置办法。积极利用产权交易所、租赁、资产证券化等多方式充分盘活"僵尸企业"有效资产,用于清偿债务。

二是切实落实国有企业经营管理人员尽职免责制度。在改革进入深水区时,改革不再是帕累托改进,如需改革取得实质性效果,必然会伴随一定的损失,这是改革的成本。在"僵尸企业"债务处置中,要适当对"僵尸企业"经营管理人员放宽惩戒力度,减轻对其经营管理不当的惩罚,容许"责任人未受惩罚"以改革成本形式存在,激励此类主体支持"僵尸企业"债务处置的动力。

三是落实国有企业的股东责任。对于因去产能导致母公司资产负债率明显高于行业平均水平的情况,各级政府或各级国有资产管理部门应通过资本金注入、国有资产划拨、国有股减让、引荐新投资者等多种方式,弥补一定比例的资产损失,降低资产负债率。

（四）放宽银行债务重组与呆坏账减免规则限制

要解决银行有意愿处置"僵尸企业"但受到限制的问题。一是进一步明确银行机构下放自主债务减免和核销的权限。在确保国有资产不流失的前提下，适当放松呆坏账减免和核销的相关条件，并落实尽职免责制度，消除障碍，使有意愿对贷款实施减免核销的银行有能力和有动机实施减免和核销。二是制定专门钢铁煤炭去产能的贷款减免和坏账核销方案。确定因政策性原因导致去产能且造成损失及资产负债率明显超过行业平均水平的企业名单。相关部门要部署银行和对象企业，研究制定停息挂账、减免利息、延长还款期限、贷款减免等债务重组的细节。财政部和银监会对商业银行业绩考核、资本充足率要求等方面要适当放松监管。初步考虑，对因去产能政策导致的平移至母公司的债务，如果该公司资产负债率明显超过行业平均水平，则对相应债务两年内停息挂账，并减免三分之一的本金。

（五）加大对金融机构的监管政策支持

要解决银行等金融机构参与处置"僵尸企业"意愿不足的问题。金融机构"僵尸企业"债务处置导致的贷款逾期，在债务处置完成前，可暂不列入不良类并暂按正常类贷款集体拨备。对处置"僵尸企业"债务损失较大的银行，在机构监管指标考核、宏观审慎政策评估、绩效考核时应给予适当考虑。涉及资产证券化、公开市场产权交易等方式盘活"僵尸企业"存量资产偿还债务情形的，相关监管部门应给予适当监管便利。

（六）完善对"僵尸企业"债务处置的财政税收政策

"僵尸企业"资产处置价值不足以偿还职工债务的情形,各级政府要按照职责安排专项财政资金,对拖欠职工工资、欠缴职工社会保险费用等职工债务进行清偿,确保职工利益不受损失。金融机构因合法合规处置"僵尸企业"债务而产生的贷款损失,该笔贷款产生的增值税、所得税应予以免征或返还;因合法合规处置"僵尸企业"导致的金融债务抵质押权处置产生的税费,应免征或返还。对处置"僵尸企业"债务损失较大的银行,财政部门可通过注入资本金、减少国有股分红增加金融机构留利等方式予以适当补偿。

（七）建立信用记录和联合惩戒机制

对"僵尸企业"债务处置过程中恶意逃废债、国有资产流失等违法违规行为责任人建立信用记录,纳入全国信用共享平台。构建失信行为联合惩戒机制,依据相关法律法规严格追究恶意逃废债和国有资产流失等违法违规单位及相关责任人员的责任。"僵尸企业"引入战略投资人后,企业可申请在征信系统的大事记信息中添加相关信息,展示信用状况。

专题报告六　以恢复资产负债表健康为核心推进去产能企业债务处置

一、以恢复资产负债表健康为核心开展涉去产能企业债务处置的基本思路

根据相关部门的调研,由于目前缺乏对涉去产能债务处置的具体规定和细则,导致目前债务处置工作难以开展。建议以恢复去产能企业资产负债表为核心采取"四步走"方式开展债务处置工作,一是处置企业因去产能形成的闲置或无效资产,确认资产损失并进行相应的会计处理。二是对政策性因素形成的企业资产损失给予部分补偿。对由于去产能政策性因素、监管标准变化造成的资产损失,通过财政或政府组织的受益者补偿方式给予一定比例的补偿。三是设定去产能企业合理的资产负债率目标并要求通过市场化方式达到。政府、企业、债权人、行业专家通力合作,分行业、分类型、分规模明确去产能行业、企业合理的资产负债率水平。对于经过适当资产损失补偿后资产负债率仍高于正常经营水平的保留债务,要求企业和股东、潜在投资者、债权人根据市场化、法治化原则,以庭外重组方式自主协商开展债务减免、停息挂账、贷款重组、市场化债转股等多种形式的资产重组和债务重组,恢复企业财务和经营可持续性,在一

定期限内(如 3 年内)将企业资产负债率降至合理水平。四是对未能在规定期限降至合理资产负债率且按期偿付债务发生困难的企业进行司法债务重组。对这类企业应禁止通过展期续贷、借新还旧、过桥贷款和关联企业担保等方式继续滚转债务,以防止债务越滚越大不断累积风险,而应断然依法转入破产重整司法程序,通过司法程序实现企业合理的资产负债水平。禁止寻求债务滚转,依法转入破产重整司法程序,通过司法程序实现企业合理的资产负债水平。

按以上流程开展涉去产能债务处置,既可以达到减轻企业债务负担轻装前进的目的,又贯彻了市场化、法治化和公平性的原则。

二、聚焦资产负债表可以有效破解涉去产能债务处置中存在的各类障碍

从资产端处置有利于克服责任不清、公平性难体现的障碍。由于去产能企业债务形成的责任很难厘清,从债务端处置难以实现公平性原则。如果对所有涉去产能债务均按一定比例由银行减免,则部分有偿还能力的债务也无须偿还,对认真做贷前调查和贷后管理的银行不公平;如果仅对无偿还能力的涉去产能债务进行减免,有偿还能力的贷款继续还贷,则对经营良好、积极还贷的企业不公平,这类企业将独自承担全部的去产能损失。而从资产端看,以环保、能耗、质量、技术、安全等标准推动去产能而产生的损失,在经济学概念范畴上可以认为是一种广义的"合规成本"(Compliance Cost),即因法律法规变化、监管标准变

化、政策措施变动所额外产生的企业成本。合规成本需要市场和政府共同分担,以避免更大的经济负外部效应。这方面也有一些国际上成功的经验可资借鉴,如 20 世纪 70 年代,日本政府出台了对企业因环保标准提高产生的废弃设备进行补偿的政策,促进了过剩产能淘汰和技术水平提高。因而,对因去产能而损失的资产给予一定比例的补偿,责任清晰;同时所有去产能企业均可享受到,对所有企业也是公平的。在损失补偿完毕的基础上开展债务处置,对银行也是公平的,银行所承担的不再是政策性损失,而是经营性损失。

以资产处置带动债务处置有利于克服债务债权关系不清的障碍。从负债端看,大部分去产能企业存在债务清分难度大、债权债务关系无法一一对应的问题。由于存在集团统贷统还、内部交叉担保等融资特点,去产能企业政策性债务难以清晰界定、计量和分割,难以获得债权债务人双方共识和法律认可,仅从债务端入手处置往往陷入行动僵局。但从资产端看,由去产能导致的资产损失十分明确清晰,没有太多争议。同时资产处置到位,将为债务处置提供基准,债务处置的目的就是使债务规模和结构与资产规模和质量相适应,以使企业恢复资产负债表健康和持续经营能力。银行等金融机构根据合理资产负债率的需要开展包括贷款本息减免、期限调整和债转股在内的债务重组,出发点将不是弥补去产能的损失,而是维护自身债权安全,符合市场化、法治化原则,债务重组的规模也不是政府行政命令确定的,而是由市场决定的。

以企业资产负债率为核心开展债务处置有利于克服企业和

银行债务处置积极性不高的障碍。在对企业资产负债不加约束的情况下,企业和银行均因为担心损失显性化而缺乏开展债务处置的主动性和积极性,更倾向于通过借新还旧等方式滚转债务,导致企业债务进一步上升,陷入持续加杠杆的泥潭而不能自拔。而建立企业资产负债约束,则会倒逼企业和银行必须尽快开展债务处置,同时规定在一定期限内达不到合理资产负债水平且无法偿付到期债务的企业将被禁止通过借新还旧方式滚转债务,而进入破产重整程序,这将对企业和银行产生很强的倒逼作用。因为一旦进入破产重整程序,银行债权人面临着很大的债权损失风险,企业股东则面临着很大的股权损失风险,对企业现股东和债权人是双输的局面。同时,以资产负债为核心开展债务处置还有利于建立企业负债的长效约束机制,建立企业资产负债表健康度的监测评估体系,将其引入国有企业考核机制,使得企业有动力自我控制资产负债规模、结构比例等关键因素,防止高杠杆风险周而复始、不断累积。

三、围绕资产负债表开展债务处置工作的建议

完善国有资产处置规则,激活资产处置。在防范国有资产流失的前提下,进一步明确、规范和简化国有资产转让相关程序,细化涉去产能企业国有土地再利用规则,完善债务抵押物处置规则。明确剩余矿产资源处置规则。积极利用产权交易所、租赁、资产证券化等多种方式充分盘活有效资产。对于涉及资产证券化、公开市场产权交易等方式盘活企业存量资产偿还债务的,相关监管部门应给予适当监管便利。

多渠道多种方式补偿去产能企业的资产损失。从财政渠道看，可以通过国有资本预算注入资本金、划拨资产、国有股减持引进新投资者等多种方式对去产能企业的资产损失给予适当补偿。政府还可组织通过企业互济方式向去产能企业提供补偿，按照"谁受益谁承担"的原则，建立去产能行业内部的企业收益损失分担机制，要求留在市场的受益企业向退出市场的损失企业提供补偿，可从继续经营的企业销售收入中提取一定比例，经由指定银行专户建账，作为退出企业的补偿基金。

加大监管支持和业务支持，激发债务处置积极性。制订专门的煤炭钢铁去产能贷款减免和坏账核销方案，对涉及政策性因素的债务处置给予更大支持，进一步向银行机构下放自主债务减免和核销的权限，适当放松呆坏账减免和核销的相关条件，并落实尽职免责。对因债务处置损失较大的银行，在机构审慎监管指标考核、宏观审慎政策评估、绩效考核时给予适当考虑，同时，财政部门可通过税收优惠、增加金融机构利润留存等方式适当补偿。对债务处置较多的银行等金融机构在新客户新业务开拓、提供金融综合服务机会等方面予以支持。

第三部分　调研报告

调研报告一　地方国有企业集团涉去产能"僵尸企业"债务处置的建议

——山西省调研报告

煤炭行业是国家去产能的重点行业,山西是煤炭生产大省,由于去产能政策而形成的"僵尸企业"债务堆积、债务处置及遇到的问题具有典型性、代表性。我们通过实地调研,针对存在的问题,提出了进一步加快推进地方国有企业集团涉"僵尸企业"债务重组的政策建议。

一、煤炭行业债务总体情况

山西拥有七大地方国有煤炭企业集团,分别是焦煤集团、同煤集团、阳煤集团、潞安集团、晋能集团、晋煤集团和山煤集团。这些企业均是山西煤炭行业的龙头企业。煤炭行业在去产能过程中形成的"僵尸企业"基本都是隶属于以上企业集团。"僵尸企业"的债务呈现以下特点。

(一)债务普遍超过资产,淘汰资产多已无效

山西国有煤炭企业集团公司涉"僵尸企业"债务负担普遍沉重。由于以往经营过程中的长期亏损,"僵尸企业"债务长期堆积,甚至达到资不抵债的程度。在去产能过程中,由矿井设备等资产拆除之后多数无法再利用,资产回收价值低,不能通过资

产处置、债务重组、破产清算等方式及时进行有效处置债务,企业无力偿还负债,陷入停产、半停产状态。截至 2016 年年底,山西晋能集团涉及去产能所属单位的资产总额为 7.84 亿元,负债总额达 14.65 亿元,资产负债率高达 186.98%;2016 年,山西焦煤集团去产能矿井的负债总额 40.57 亿元,总资产 37.54 亿元,资产负债率达 108.07%;山西阳煤集团去产能关闭矿井涉及资产总额 102.23 亿元,负债 101.85 亿元,资产负债率达 99.63%。

(二)债务组成主要为金融债务,其次是经营性负债

地方国有企业集团涉去产能"僵尸企业"的债务组成主要有三部分。一是其控股集团的统借统贷或担保资金,资金来源是银行;二是从银行直接贷款,比例很低;三是生产经营过程中形成的经营性负债,包括对职工欠款、欠缴税费及应付工程费、材料费等。目前,"僵尸企业"债务大部分是金融债务。2016年,山西煤炭去产能实现退出 2325 万吨,省属七大煤企关闭退出 25 座煤矿,涉及金融债务共计 128.67 亿元。

(三)金融债务转移到集团层面,主要模式为统借担保

山西"僵尸企业"的大部分债务是通过上级或集团公司统借统贷或担保等形式,企业虽然关闭出清了,但债务没有出清,而是堆积上移到了集团层面。山西省金融办统计,2016 年山西煤炭去产能实现退出 2325 万吨,七大煤企关闭退出 25 座煤矿,涉及金融债务共计 128.67 亿元。其中,由关闭煤矿企业直接向金融机构融资的金融债务只有 4.39 亿元,而通过上级或集团公

司的金融债务高达 124.28 亿元,占比高达 96.59%。山西七大煤企关闭煤矿金融债务的具体情况为:焦煤集团直接金融债务6324 万元,间接金融债务 34.62 亿元;同煤集团全部为间接金融债务,计 28.24 亿元;阳煤集团直接金融债务 2.93 亿元,间接金融债务 34.79 亿元;潞安集团全部为间接金融债务,计 16.99亿元;晋能集团直接金融债务 8297 万元,间接金融债务 9.63亿元。

二、本轮"僵尸企业"债务形成的主要原因

"僵尸企业"债务形成的原因比较复杂,有些企业由于市场形势不好,经营不善,造成资不抵债;有些企业符合当时的环保、技术等标准,由于去产能政策的实施,技术、环保标准等提高了,成为落后产能和"僵尸企业"。从山西煤炭行业本轮"僵尸企业"债务困境的实际情况看,形成原因包括以下几个。

(一)企业煤炭资源枯竭陷入长期亏损

部分"僵尸企业"的矿井属于资源枯竭型矿井,开采强度非常高,开采年限也很长,可采资源剩余不多。加上在煤炭发展黄金十年期间,民营个体小型煤矿发展迅猛,私挖滥采现象严重破坏了采煤作业条件,加剧缩短了这些老矿井的设计可采年限,造成矿井资源加速枯竭,提前结束服役年限,形成长期亏损局面,给企业造成沉重负担。自身因为造血功能丧失,经营现金流严重不足,只能依靠集团公司统借统贷维持日常生产经营。山西同煤集团的同家梁煤矿和雁崖矿、山西西山煤电集团的白家庄矿、山

西晋煤集团煤炭的王台铺煤矿等债务的形成都属于这种情况。

（二）政府主导下国有煤炭企业整合矿井技改投入大负担重

2008 年开始，山西企业在政府主导下大力推进煤炭资源整合和煤炭企业重组，2012 年完成整合。在此背景下，山西地方国有煤炭集团受政策性推动，盲目扩张、兼并、多元化发展，追求短期内做大规模，加之地方政府支持下的融资渠道顺畅化、融资成本低廉化，各家金融机构竞争激烈，短期内信贷资金大规模集中进入，企业资产负债率随之急剧上升。由于大部分被整合矿井一直处于技改期，技改资金为金融机构借款，金额大、利息负担重，在进入煤炭价格持续下跌时期，部分被兼并煤矿难以产生效益，相继进入停建、停产状态，面临关停、半关停窘境，到期还本付息资金依靠上级公司以贷还贷，造成债务规模逐年增加。山西同煤集团的北辛庄、宏达、东周窑、金海矿井等属于这种情况。

（三）企业市场竞争力不足无法生存

由于市场竞争程度提高、行业结构调整步伐加快，造成一些煤炭企业竞争力下降，经营亏损，无法生存，一些低端产品企业、高污染高能耗企业、低小散企业，由于技术含量低、产品附加值低、转型升级难，在产业结构调整大背景下，煤炭企业缺乏自主创新意识，产品和服务比较优势不明显，产品无市场、经营无利润，连年亏损，债务堆积，被市场抛弃，沦为"僵尸企业"。山西晋能集团下属的部分"僵尸企业"属于这种情况。

三、当前债务处置遇到的突出问题

调研了解,尽管 2016 年以来去产能的任务都已完成,但大部分地方煤炭企业集团涉及"僵尸企业"的资产、债务仍未处理,"僵尸企业"仍未出清。除了相关利益方仍在期待后续支持政策导致债务处置工作处于观望状态之外,"僵尸企业"债务处置过程中也存在一些突出困难,导致这一工作陷入停滞。

(一)金融债权债务关系不清晰,集团公司背负大部分"僵尸企业"债务

由于大部分"僵尸企业"经营情况较差,银行授信不足,甚至自身并不具备融资条件,所需资金基本上都是由其上级集团公司统一从金融机构融资后,再以委贷或垫资方式拨付给各煤矿,这就导致了难以确定金融债务中"僵尸企业"承担的数额,债务承担的主体本身不清晰。同时,"僵尸企业"债务涉及多家金融机构,债务也无法准确分配到每家金融机构,金融债权模糊。由于金融债权债务关系不清晰,"僵尸企业"大部分金融债务几乎全部由上级集团公司承担,本身直接对应的金融机构债务很少。因此,尽管一些"僵尸企业"已经关闭不产生现金流,但集团公司仍需承担这些企业债务的正常付息、接续,造成集团公司债务负担持续增加,经营风险加大,整体信用条件有所恶化。如,山西同煤集团,去产能关闭的 13 个煤矿自身没有融资能力,共有贷款117 亿元,几乎都是通过同煤集团贷款或者担保,用于这些煤矿的技术改造等,大大增加了同煤集团债务风险。如果集团公司不能

及时归还关闭煤矿的贷款,会影响集团公司总体征信,从而降低集团公司总体融资能力,加大集团公司经营风险。

(二)缺乏配套激励政策,金融机构处置债务积极性不足

金融债务是"僵尸企业"债务的主体,缺乏相关配套的金融政策是债务处置难的关键所在。一是债务减免在"僵尸企业"债务处置中的运用受到局限,体现在减免授权方式难落地,金融企业自主减免权限不够,贷款减免必要性、合理性论证复杂等。二是在呆账核销方面,财政部和国家税务总局对于呆账核销的税款抵减口径不一致,呆账核销标准过于严格,商业银行核销自主权受限,存在"应核未能尽核"问题。三是银行内部严格的不良资产责任追究机制,使得银行难以让利以形成有效的债务重组方案。四是作为分支机构的成员单位对于与融资方案和清偿方案直接相关的重大事项无授信权限,自主性较弱。

(三)债委会尚未充分发挥作用,债务处置协调机制尚未确立

银监会等三部委制定的《关于钢铁煤炭行业化解过剩产能金融债权债务问题的若干意见》,明确规定要推动组建并有效发挥债权人委员会的作用,这是推动处置"僵尸企业"债务工作的重要机制。目前,债委会在实际运行中遇到多重问题。一是银行之间沟通信息不够顺畅。由于缺乏有效的沟通机制,银行之间存在无法及时联系到各债权人的问题,导致同业之间及时组建债委会和后续相关方案的统一实施均存在一定的困难。二是银企信息不对称。企业资产信息不够透明,因企业重组、身陷

复杂担保圈等原因,部分企业缺乏诚信,存在恶意逃废债问题。三是组建债委会缺乏一定的牵头动力,各债权人工作主动性不足。目前各债权人对债务的处置手段不尽相同,往往出于各自利益考虑采取单方面行动,而组建债委会往往存在处置见效慢、沟通协调累、达成共识难的问题。四是银行债委会和企业所在地政府及企业的供应商等其他债权人沟通力度不够。债委会组成成员众多,意见不易调和,导致在帮扶企业时出现其他债权人的诉讼,造成帮扶难度增加。

(四)破产清算程序不完善,"僵尸企业"难以市场出清

尽管我国早在1986年便出台了《企业破产法(试行)》并于2007年正式实施了《企业破产法》,但企业的破产清算在实际操作过程中仍遇到很多问题,导致众多"僵尸企业"僵而不死、僵而难死。一是诉讼周期长、案件执行难,且银行面临抵押物变现难、执行率低等问题,债务处置进展缓慢。二是国有"僵尸企业"的"三供一业"等社会职能尚未剥离,地方政府考虑社会稳定不允许企业破产。三是退出矿井的股东由于补偿问题导致股东会决议难以形成,特别是部分关闭企业为民营股份参股的独立法人单位,民营股东利益诉求协调难度大,诉讼清收难度较大,执行效果差。四是政府尚未出台配套的资产、土地、矿权等关闭企业清算政策,债务处置工作难以正常推进。

四、加快"僵尸企业"债务处置工作的政策建议

处置"僵尸企业"是一项复杂的系统工程,牵一发而动全

身,牵扯到债务处置、资产处置、职工安置、存量资产利用等方方面面的问题,而债务处置是其中最核心的关键问题。虽然债务处置的原则是市场化、法治化,但地方国有企业集团多数行为与政策密切相关,单靠完全市场化措施,各方利益难以有效尽快平衡,也难以从根本上出清"僵尸企业",需要从金融、税务、土地、矿权等方面制定有利于推动债务处置工作的配套政策。

(一)组建省级国有资产平台,承接"僵尸企业"整体资产负债

以省为单位,成立新的省级国有资产管理公司(剥离公司),专注于承接省内涉去产能企业的整体资产负债;或在已有资产管理公司基础上,设立专门台账,承接省内涉去产能企业整体资产负债。一是对新成立的剥离公司承接的资产负债进行整体性、渐进式、专业化处置,做好清产核资、资产评估、财务审计等基础工作,建立企业档案,设立工作台账,建档入库,核实企业资产债务情况。二是逐步消化各项资产、债权债务损失,少走破产清算、多试兼并重组和债务重组,避免损失、矛盾的集中爆发。三是新成立的剥离公司承担债务处置的主体责任,与银行债权人委员会就债务处置各项程序任务进行谈判协商,力求取得协调一致。四是赋予新成立的剥离公司一定的再融资能力和条件,同时剥离公司也是财政资金补贴注入对象。

(二)完善金融支持政策,调动金融机构债务处置积极性

尽快出台金融扶持政策,建立"僵尸企业"债务处置缓冲机制。一是调整贷款减免授权方式,扩大金融机构自主减免权限,

放宽呆账核销标准。二是对"僵尸企业"相关金融债务停息挂账,降低关闭退出期间的利息费用负担,待企业置换先进产能工作完成后,由先进产能企业按比例承接相应金融债务,并开始计息还贷。三是对政策性关闭退出矿井债务由政府出台支持政策,承担一部分责任,核销贷款本金。四是在流动资金贷款接续和并购贷款等方面放宽限制,支持银行维持流动性,实施行业整合。五是出台去产能中长期贷款政策,由涉及去产能企业在金融机构申请中长期低息贷款,用于支持去产能企业转型发展。

(三)完善债委会工作制度,有效协调债务处置相关方利益

加强监管部门领导,提高债委会工作效率,对于中小银行给予适度政策支持,维护中小债权银行利益。建立"僵尸企业"定期向债委会报告制度,定期向上级主管部门和债权银行报告其全面、真实的财务信息和经营状况,不得有隐瞒融资、虚构销售收入或虚假生产经营等情况,主动配合政府及银行对"僵尸企业"的清理措施和风险化解方案,减少信息不对称。建立顺畅的同业沟通平台,保持信息共享和意见交流顺畅。

(四)建立庭外重组机制,鼓励债务处置相关方庭外达成和解协议

借鉴韩国、日本等国家债务处置经验,由政府推动建立统一的企业重组协调委员会。基于"伦敦模式"和庭外债务重组八项原则,制定庭外债务重组政策指引,强调对企业经营情况改善和债务快速处置的具体要求。通过企业重组协调委员会,协调

庭外重组的有序开展,同时负责仲裁各方分歧,鼓励企业与银行在庭外快速达成和解协议。

(五)理顺清产核资政策,资产负债两头突破

山西省财政厅、省国资委和国土资源厅制定了《关于在国有煤炭等省属企业开展采矿权、土地等国有资产价值重估的工作方案》,在省属七户重点煤炭企业和部分冶金行业先行开展了资产价值重估试点工作。通过对授权经营土地和采矿权价值重估,将评估增值部分增加企业资产账面价值,从而降低企业资产负债率。在"僵尸企业"退出过程中也可采用这一做法,制定具体明确的政策实施细则,解决"僵尸企业"资产损失和经营亏损问题。

(六)完善破产程序,推动"僵尸企业"应破尽破

完善破产清算程序,对长期停产、资不抵债、盘活无望的"僵尸企业",能够按照《企业破产法》真正实现市场出清。一是提高诉讼效率,缩短诉讼周期,加大案件执行力度。二是加快推进国有"僵尸企业"的"三供一业"等社会职能剥离进度。三是出台配套的资产、土地、矿权等关闭企业清算政策,加快推进债务处置工作。四是在法律规定范围内适当简化程序,出台相关法律政策、司法解释对该方面内容进行规范,特别是"僵尸企业"不动产的处置方面,企业可规定在一定期限内若没有进行追溯的不动产即视为对方予以认可。

调研报告二 有效处置"僵尸企业"金融债务的新探索

——安徽省调研报告

调研组于 2016 年 6 月初赴安徽省探索去产能背景下"僵尸企业"如何有效化解自身债务问题。同安徽省发改委、银监会、财政厅、金融办、经信委、五大国有银行、省联社、"三煤一钢"部分企业展开深入座谈,吸取安徽省处置涉去产能"僵尸企业"金融债务的经验,摸清债务有效处置过程中的困难和问题,吸收政策执行各方针对实际操作中的问题和困难提出的建议。

一、债务处置基本情况

去产能背景下,部分产能过剩行业因政策原因主动或被动去除过剩产能。安徽省对去产能过程中"僵尸企业"的基本情况进行摸底调研,明确设定去产能"僵尸企业"处置目标和要求,建立融资帮扶工作机制,重点帮扶"三煤一钢"企业。经努力,"三煤一钢"杠杆率降低,债务风险得到有效防范,去产能过程中"僵尸企业"债务处理初显成效。

(一)危困企业摸底调研,找寻负债原因

"僵尸企业"债务处置的第一步,在于对"僵尸企业"的筛选和鉴别。为避免"僵尸企业"定性影响企业信用和信心,安徽省

银监局以"危困企业"为对象,以较快速度对辖区内 104 家资金危困企业进行摸底调研。结果显示,安徽省生产经营困难、资产负债较高的规模以上企业约占全部规模以上工业企业数的1.5%。从负债原因上看,除银行服务不足外,更为重要的是企业自身存在较多问题,突出表现为偏离主业投资、涉足民间借贷或非法集资、盲目扩张、资金被强行占用等因素。具体而言,在104 家出现资金困难的非房地产企业中,因偏离主业从事房地产开发或跨行业进行产权或股权投资的 56 家,占比 53.85%;涉及民间借贷或非法集资的 51 家,占比 49.04%;盲目扩张造成部分资产闲置的 47 家,占比 45.2%;资金被其他企业强行占用的48 家,占比 46.15%。

(二)细化任务目标,明确实施方案

在安排去产能工作中,安徽省及时快速制定《安徽省扎实推进供给侧结构性改革实施方案》(皖发〔2016〕21 号)及《关于煤炭行业化解过剩产能实现脱困发展的实施意见》,"十三五"期间,将压减生铁产能 384 万吨、粗钢产能 506 万吨;省属和地方煤炭企业关闭煤矿 21 对,退出产能 3183 万吨/年。并从 2016年起,3 年内原则上停止审批新建煤矿项目、新增产能的技术改造项目和产能核增项目,新增煤矿项目一律实行减量置换,2018年底基本实现"僵尸企业"市场出清,2020 年产能利用率达到合理水平,转型升级取得明显成效。

坚持因地制宜、分类有序、一企一策、精准处置,对已停产半停产、连年亏损、资不抵债、靠政府补贴和银行续贷存在的企业,通过兼并重组、债务重组、破产清算等方式,实现市场出清;并要求司法机关要加快破产清算案件审理,依法为实施市场化破产程序创造条件;同时,停止对"僵尸企业"的财政补贴和各种形式保护。

表 3-2-1　2016 年安徽省工业行业淘汰落后和过剩产能完成情况

（产能单位:万吨、万重箱）

序号	行业	企业名称	淘汰生产线（设备）型号及数量	产能规模
一、炼铁				205
1		芜湖新兴铸管有限责任公司	620 立方米高炉 2 座	143
2		马钢(集团)控股有限公司	500 立方米高炉 1 座	62
二、炼钢				300
1		芜湖新兴铸管有限责任公司	50 吨转炉 2 台、70 吨电炉 1 台	190
2		马钢(集团)控股有限公司	40 吨转炉 1 台、15 吨电炉 1 台、20 吨电炉 1 台	77
3		安徽益友金属公司	中频炉 8 座	28
4		郎溪县华和钢构件材料厂	中频炉 2 座	5
三、平板玻璃				240
1		安徽华光光电材料科技集团有限公司	400t/d 浮法玻璃生产线	240
四、水泥				98.5
1		安徽省凤阳县凤凰水泥厂	熟料:Φ3.6×50m 回转窑 1 台	51
2		芜湖市红花山水泥有限责任公司	粉磨:Φ3.5×14m 磨机 1 台	47.5

来源:安徽省人民政府网站,http://www.ah.gov.cn/UserData/DocHtml/1/2016/12/28/9457791971076.html。

(三)建立融资帮扶工作机制,重点帮扶"三煤一钢"企业

2016 年 3 月,安徽省成立"三煤一钢"融资工作指导小组,通过指导工农中建四家省分行成立融资帮扶协调专项小组牵头马钢集团、皖北煤电、淮南矿业和淮北矿业的债务处置工作,建立起钢铁煤炭行业化解过剩产能融资帮扶机制。在此机制下,各债权银行要保证"不抽贷、不压贷、不惜贷、不提高授信条件、不单独起诉、不单独申请诉前保全、不单独申请查封冻结资产",并协调金融机构一致行动,按月、季统计报送企业融资信息。在"三煤一钢"融资机制下,各债权银行积极推进责任下企业金融债务化解,积极尝试债转股等形式。如,2016 年年末,建行与淮南矿业、淮北矿业和马钢集团签署了意向金额 320 亿元的市场化债转股协议,拟通过成立降本增效基金和转型发展基金,以"债权+股权"方式投资企业,偿还到期高息债务及实施转型升级项目等,股权投资拟通过淮南矿业、淮北矿业的整体上市及马钢集团的资产重组退出。与此同时,皖北煤电也在与建行、徽商银行洽谈债转股方案。

(四)"三煤一钢"扭亏为盈,债务得到有效化解

通过重点对"三煤一钢"企业债务进行处置,煤炭钢铁行业整体债务风险不仅得到了有效控制,"三煤一钢"企业还全部实现了扭亏为盈的好态势。2016 年 3 月末,"三煤一钢"整体融资余额为 1960.6 亿元,银行融资余额为 1069.94 亿元,较 2015 年同期增加 71.59 亿元。其中,马钢集团、淮南矿业、淮北矿业和

皖北煤电的资产负债率分别是 67.37%、79.72%、74.36% 和 73.41%,较 2015 年年末分别下降 0.07、3.26、4.25 和上升 0.82 个百分点。截至 2016 年年底,安徽省实际淘汰炼铁 205 万吨、炼钢 300 万吨、平板玻璃 240 万标准箱、水泥 98.5 万吨、电力 3.9 万千瓦,去产能工作顺利推进。

表 3-2-2 "三煤一钢"企业情况

(单位:%)

年份	淮南矿业(集团)控股有限公司			淮北矿业(集团)控股有限公司			安徽省皖北煤电集团有限责任公司			马钢(集团)控股有限公司		
	2016	2015	同比增加	2016	2015	同比增加	2016	2015	同比增加	2016	2015	同比增加
资产负债率	79.85	83.18	-3.33	74.80	76.12	-1.32	73.39	72.56	0.83	67.23	67.44	-0.21
净利润增长率	128.85	53.20	75.65	159.65	-80.86	240.51	97.74	-8.27	106.01	105.52	-3096.02	3201.54
毛利率	17.07	7.42	9.65	13.77	6.73	7.04	9.33	1.57	7.76	13.90	1.29	12.61
流动比率	59.11	64.44	-5.33	34.20	41.91	-7.71	66.06	77.52	-11.46	71.55	67.96	3.59

来源:wind 数据库。

二、债务形成存在四大主因

"僵尸企业"债务成因多样,就此次调研情况而言,安徽省 "僵尸企业"债务形成的原因集中于自身生产能力差、经盲目扩张、政策性关停、受集团业务拖累等因素影响,导致资金状况欠佳陷入"僵尸企业"行列。

(一)自身生产能力差

以中钢集团下属安徽刘塘坊矿业有限公司为例,企业自身生产条件差,铁矿开采成本及选比较高,加之受行业经营环境影响较大,不可避免成为"僵尸企业"。刘塘坊矿体呈飘带状,矿体含量不深,采矿成本加大,平均付现成本较当地其他矿企每吨高出约100元。生产的铁矿石需4.5—5吨铁矿石才能加工出1吨铁精粉,而当地其他矿企只需要3.1—3.3吨铁矿石就可以加工出1吨铁精粉。自2014年以来,国内经济增速放缓,行业经营环境不景气。钢铁行业困难加剧,铁精粉价格下跌,加之铁精粉供应过剩、进口冲击等因素影响,生产经营困难,步入"僵尸企业"行列。

(二)盲目扩张投资

根据安徽省发改委对危困企业的初步摸底结果,企业自身经营存在偏离主业盲目扩张等问题,多一半的调研企业将资金用于投资房地产跨行业进行产权或股权投资,或追逐房地产的现象。以安徽鸿润股份有限公司为例,因外部融资和对外投资过大导致自身资金链陷入困境。至2016年年末,鸿润公司投资澳大利亚探矿权和玉矿、鄂尔多斯煤矿项目等能源矿产类24837万元,投资安徽桐城农村合作银行、安庆独秀农村商业银行、安徽桐城江淮镇银行等银行股权7680万元,投资下属子公司桐城市鸿润羽绒公司、鸿润房地产公司、鸿润包装公司等1.6亿元,累计对外投资4.8亿元。至2017年2月末,鸿润公司在各行授信合计达到12.8亿元。由于投资扩张过度,公司负债过大,财务成本过高,销售收入与负债规模不匹配,对外部融资需求依赖过大,导致资金链紧张,陷入"僵尸企业"行列。

（三）政策性关停

受煤炭钢铁行业去产能政策影响，"十三五"期间安徽省关停 16 对矿井，淮北金石矿业有限责任公司被列入关停名单，于 2017 年 1 月停止生产，于 2017 年 6 月闭坑。该矿井为新建矿井，2016 年 4 月末建成投产，矿井关停后自身经营现金流无法偿还债权银行授信。同时该笔贷款的担保煤矿担保实力不强，采矿权也随着矿井关停严重贬值，成为"僵尸企业"。

（四）受集团业务拖累

调研中发现，不仅存在子公司陷入困境影响集团整体债务状况的情况，集团公司陷入债务危机同样影响子公司资金和经营状况，受集团业务拖累，部分矿井陷入资金困境。刘塘坊矿业有限公司为中钢集团下属子公司，2014 年 9 月末，中钢集团公司传出大量贷款逾期；2015 年 3 月，中钢集团被传出由国资委牵头进行债务重组，要求所有子公司暂缓支付银行贷款本息。因此，刘塘坊矿业被动陷入资金困境。

三、债务处置问题零散且困难重重

安徽省去产能过程中"僵尸企业"债务处理面临重重问题，突出表现在缺乏明确界定标准和具体处置政策，银行及金融机构难达成一致行动人，企业融资增信面临债券发行难、新增贷款难、增信担保难三重困境，兼并与被兼并企业主体债务重组动力不足，"统贷统还"模式下的集团债权债务难以分离，贷款减免在实际运用中有局限,资产估值偏高导致流拍频繁,不良资产核销和处置过程中涉及许可变更和税费清偿等问题,破产退出的司法程序烦琐冗长九个方面的困难。

(一)缺乏明确界定标准和具体处置政策

"僵尸企业"的标准界定和具体操作文件缺失是调研中反映较为强烈的问题,中央文件仅提出"僵尸企业"的描述性概念和一般性原则。《关于钢铁煤炭行业化解过剩产能金融债权债务的若干意见》(银监发〔2016〕51号)用"已停产半停产、连年亏损、资不抵债、失去清偿能力"解释"僵尸企业",缺少明确界定和细化标准,导致地方政府和发改、工信、国资等部门依不同的标准进行摸底排查,导致"僵尸企业"在调查范围和统计口径上并不能进行比较,商业银行在具体实施过程中因不能准确判断"僵尸企业",后续管理等工作开展困难。同时,缺乏处置"僵尸企业"的具体操作性文件,各方呈观望态势,债务处置问题遭搁置。

(二)银行及金融机构难达成一致行动人

在处置企业债务时,由于各银行利益不同,很难达成一致行动人,企业债务处置缓慢。虽成立了"三煤一钢"融资工作指导小组,但安徽省金融机构反映,在实际执行中,债务处置起诉成本高、企业偿付能力欠缺、税费及滞纳金重等问题,且只要形成不良损失或核销,银行内部都要进行责任处罚。部分银行出于对资产安全和应对监测、考核的考虑,不愿意主动处置不良资产,一致行动不易达成。

(三)企业融资增信面临三重困境

据部分"僵尸企业"反映,经营及财务状况本不佳,在发行债券、新增贷款、增信担保上缺乏政策支持,融资困境仍得不到有效缓解。一是债券发行难。受煤炭行业债券违约事件频发影响,债券市场投资人不愿认购煤炭企业的债券,承销银行担心被动持券推迟发债计划。同时,上海证券交易所对煤炭行业发行公司债提高了门槛,加大了公司债发行难度,淮北矿业 2016 年仅成功发行债券 25 亿元。二是新增贷款难。虽然安徽省政府对金融机构提出了"不抽贷、不压贷、不提高授信条件"等七不要求,但由于各家银行授信政策均由总行统一规定,省级分行并没有审批权,导致授信困难,不同程度上存在抽贷、压贷行为。目前淮北矿业集团项目贷款到期偿还后授信减少,新增项目贷款难以获得审批,同时部分银行流动资金贷款收回后未能续贷,新增贷款难度较大。而通过融资租赁等渠道的融资成本高于同期贷款基准率 40%—60%。三是增信担保难。部分金融机构要求政府融资平台或 AAA 级优质企业为煤炭企业进行增信担保,据企业反映,为防范风险,政府融资平台、国有资产运营公司和其他优质企业对煤炭企业信心不足,融资担保意愿低。

(四)兼并与被兼并企业主体债务重组动力不足

"僵尸企业"自身的资产状况差,难以为并购方提供有价值的新资产。不良资产处置环节较多、费用高,整合重组也面临信用体系修复、历史欠税处置等政策性问题和困难。从目前市场化债转股、不良资产处置的实际操作情况看,由于资金市场价格很高,市场化债转股推进困难,并购方积极性不高。与此同时,"僵尸企业"管理层反并购倾向明显,宁肯惨淡经营,也不愿成为别人的子公司。

(五)"统贷统还"模式下的集团债权债务难以分离

煤炭行业"僵尸企业"去产能债务大多已成为"统贷统还"的母公司集团债务,五家大型银行纷纷表示,按照目前的金融政策,统一融资债务无法具体分配到各矿井,资产核销、负债留债不匹配,企业净资产减少,恶化母公司集团财务和融资状况。由于关停的矿井及设备均属于非独立负债主体,所需资金均由集团统一划拨,在相关资产进行减值损失而对应债务无法匹配处置的情况下,集团的当期损益、资产负债率均会受到不同程度的影响。2016 年,安徽省"三煤一钢"去产能共关停 6 对矿井和 4 座高炉,关停矿井及设备的资产中可回收利用的价值低,资产损失大。以淮北矿业为例,截至 2015 年年底,该公司 9 对拟关闭退出矿井涉及资产 69 亿元,负债 76 亿元(直接明确以矿井为主体的债务),其中银行贷款 18 亿元。据测算,9 对矿井关闭退出后,如果不进行债务处理,将导致集团母公司资产负债率增加8.76 个百分点。

(六)贷款减免在实际运用中有局限

《金融企业贷款减免管理办法》(财金〔2014〕54 号)规定,

债务减免要符合"列入级次、可疑、损失类的贷款以及已核销的贷款对应的本金和利息，且列入该类贷款的时间超过一年以上"等条件，《关于加快金融企业不良资产处置有关问题的通知》取消了去产能钢铁煤炭企业免息不良贷款账龄的相关规定。调研中发现，金融企业贷款减免在实际执行中仍存在以下局限。其一，防范企业恶意逃废债，多家国有商业银行在不良贷款清收处置工作中，因减免金额确定难度较大，谨慎减免债务本金，采取减免部分欠息，即还款免息方式进行操作；其二，现行减免政策未区分贷款本金减免与欠息减免的标准及条件，操作上缺少标准，以减促收的杠杆撬动作用降低；其三，经安徽省政府金融办初步排查，经营困难的钢铁煤炭企业贷款绝大多数为正常、关注类贷款，不符合财政部贷款减免的基本条件，无法使用贷款减免相关政策优惠。

（七）资产估值偏高导致流拍频繁

调研发现，不良资产清算合理估值是"僵尸企业"债务处置过程中的难点。安徽省经信委反映，不良资产在拍卖时评估价格常常虚高，一方面导致不良资产频频流拍；另一方面带来银行处置时所需缴纳增值税等税款的相应提高。尤其需要注意的是，虚高的评估价格被迫流拍后，税费及滞纳金负担随时间累积，不良资产估值只有加速减低才能顺利出手，部分不良资产最终不能被有效处置。据悉，很多项目经常流拍，每次流拍后资产估值都会下降10—20个百分点，不少资产要遭遇三次流拍才能最终成交。

(八)不良资产核销和处置过程中涉及许可变更和税费清偿等问题

涉去产能企业不良资产核销清算过程中因债务主体变更，涉及税务缴纳清算、行政许可变更、工商公告等一系列行政变更，手续办理烦琐，时间较长，期间若涉及收购方，还会影响收购方债务状况。金融机构核销不良资产须先经过税务部门的核销程序，税务部门核销时间长，且与财政部及金融机构核销口径不同，税务机关核销后仅能清算需补缴税费部分，并不能对“僵尸企业”需补缴税金进行抵扣或减免。“僵尸企业”停产期间税款欠缴及之前经营亏损尚未补缴的历史欠税负担凸显，与繁重的滞纳金一同加重不良资产收购负担。若经法院上诉程序处置，上诉费用和税费补缴清偿后，金融机构实际可收回资产严重缩水。据工行安徽分行反映，2016 年出现一起由工行上交 2000 万元起诉费，但因企业偿付能力有限，工行最终仅能收回 50 万元债务的案例。再如，工行估值为 2000 万元的资产，依法上诉成功后，金融机构顺利收回后，扣除上诉费用以及需交付税务部门的税费欠款及滞纳金等，实际收回资产不到 1000 万元。

(九)破产退出的司法程序烦琐冗长

调研时各企业主纷纷反映，法院在审理企业破产案件时，从诉讼立案到执行完破产程序，通常需要两三年的时间，在很大程度上弱化了债权人通过司法渠道申请企业破产的动机。调研中发现，有些企业被法院宣告破产 5 年甚至更长，但破产清算进程十分缓慢,甚至停止,久拖而不能终结破产程序,银行核销被迫停滞。

四、加快债务处置工作的七则政策建议

针对调研中反映的问题和困难,参考调研中安徽省各方提出的殷切建议,从"僵尸企业"债务认定标准、债务会协调一致行动、矿井债务处置细则、税收减免政策、呆账分类核销、贷款减免细则、债权银行进一步参与破产重组等方面提出如下七则政策建议,解决债务处置工作中的实际困难,推进债务处置加速进行。

(一)明确"僵尸企业"标准。科学界定"僵尸企业"的具体标准和范围。除根据企业资产总额、负债总额等设定"僵尸企业"标准外,建议加入企业电费缴纳、增值税缴纳、土地规划验收、营业执照年审及银行欠息等已有标准化统计指标,设立"僵尸企业"动态数据库。

(二)进一步发挥债委会作用,协调一致行动。债委会是由债务规模较大的困难企业 3 家以上债权银行业金融机构发起成立的协商性、自律性、临时性组织,依法维护银行业金融机构的合法权益,无实际决策权限,靠各方协调推进债务处理。建议加强债务会的沟通、协调、监管能力,建立信息沟通平台。一是推进政策信息交流共享,债权银行及时、全面了解和掌握政府职能部门出台的相关政策信息及"僵尸企业"名单,防范信贷风险,减少损失;二是定期推进沟通协调机制;三是建立大额风险处置化解工作机制,及时反映和应对大额风险事件,依法有序实现过

度融资客户、去产能"僵尸企业"退出。

（三）出台去产能矿井债务处置实施意见和相关配套政策。一是对去产能关闭退出的国有煤矿涉及的部分债务,比照执行原国有煤矿政策性关闭破产的有关政策,对可以明确贷款主体的银行贷款,视为呆账予以核销;二是对不能直接明确贷款主体、由集团母公司"统借统还"的煤炭债务,按退出产能占全公司总产能的比例,由中央和省级财政统一进行债务核销,以降低集团母公司的资产负债率,债务金额认定可按去产能矿井占母公司生产能力比例分割融资性债务。即用去产能吨位数除以总产能吨位数,乘以期末融资余额确定债务金额;三是对去产能矿井的债务,可考虑采取停息挂账或计息挂账方式处理,切实减轻集团母公司的财务负担,缓解去产能对煤炭企业整体造成的巨大冲击。

（四）清除税费障碍,出台专项税收减免政策。为金融机构配套专项税收优惠政策,对金融机构处置资产过程中涉及的税费及滞纳金要加大减免力度,减免集团公司向子公司借款增值税,豁免以往合理欠税等,以降低交易成本,促使资产及时交易变现。

（五）统一呆账核销口径,放宽核销标准。建议统一财政部和国家税务总局关于呆账核销的税款抵减口径适当扩大商业银行核销自主权,增加商业银行核销积极性。建议适时修改呆账核销政策,放宽核销标准。一是取消对破产清算或重整类、强制执行类核销的年限限制,一旦宣告破产或进入强制执行程序,即可启动核销;二是对于无回收可能、但又不符合呆账认定标准的项目,在满足一年年限标准的前提下,允许金融机构进行核销;

三是不将逃废债与金融机构核销挂钩,只要符合财政部规定的呆账认定标准,即可以进行核销;四是对于取得抵债资产的,抵债金额小于贷款本息的差额直接进行核销。

(六)完善贷款减免制度,制定贷款减免实施细则。《金融企业贷款减免管理办法》(财金〔2014〕54 号)规定,对确系主观原因形成损失的,应在贷款减免实施前完成责任认定和对责任人的追究工作。建议将责任认定与追究的时限改为贷款减免实施后进行,与呆账核销责任认定和追究的时间保持一致,以及时把握贷款减免时机,帮助企业及时摆脱资金链断裂风险,防止贷款进一步恶化。同时,建议消除银行业金融机构对"僵尸企业"债务处置的顾虑,建议修改 802 号文,加入尽职免责条款,提高金融机构的处置债务的意愿。围绕"以减促收"目标,适当扩大商业银行贷款减免自主权,细化贷款本金和贷款利息的减免标准,提高不良资产的清收效果。

(七)建立债权银行监督参与破产重整相关机制,打击逃废债行为。建议建立债权银行参与企业破产重整机制,允许债权银行提早介入并提高其参与程度,适度允许债权银行对其重整审计、资产评估以及偿债能力分析等问题表达意见。一方面,可尝试在发现破产苗头后,允许债权银行监督公司在引进战略投资、商谈破产重整方案等方面的进展和情况,防止债务人通过破产重整逃废银行债务。另一方面,可联合最高人民法院研究制定规范破产的指导性文件,研究创立预重整制度,以便银企双方达成的债务重组框架性协议在司法重整程序中得到认可,避免法院强裁,逃废金融债务。

表 3-2-3　安徽省部分"僵尸企业"债务处置情况

企业名称	中钢集团安徽刘塘坊矿业有限公司	安徽鸿润（集团）股份有限公司	淮北金石矿业有限责任公司
基本情况	借款人系中钢集团下属公司,于2007年成立,位于霍邱县周集镇,注册资本26172.6万元,其中中钢矿业开发有限公司持股80%,安徽国土资源投资发展有限公司持股20%。其投资建设的刘塘坊铁矿年采选150万吨铁矿石项目,总投资8.07亿元,项目建设周期5年,预计达产后可年产品味66%的铁精粉45.1万吨,目前未实现达产	借款人系原桐城县陡岗羽绒厂基础上改制成立,2002年变更为安徽鸿润（集团）股份有限公司,实际控制人为夏某。2016年10月,借款人与中青旅实业发展有限公司达成增资扩股合作协议,公司实际控制人变更为中青旅实业。借款人是以羽绒及其系列制品为主导的生产型企业,为国家农业产业化优秀龙头企业、省861行动计划重点企业、省农业产业化集团之一。"鸿润"商标为中国驰名商标,通过多年宣传,该品牌具有一定知名度	借款人于2007年7月注册成立,注册资本为人民币1.24亿元。其中,淮北矿业（集团）有限责任公司持股比例为51%,新光集团有限公司持股49%。2012年7月,淮北矿业与新光集团签了了《股权转让协议》,将持有的金石矿业有限责任公司51%的股权全部转让给新光集团,至此,借款人成为新光集团全资子公司。新光集团是隶属盐城市国资委的国有独资企业。借款人主营洗选煤、煤矿基建及经销矿山机械和配件,建设和经营石台煤矿深部天然焦矿井,天然焦矿井原设计生产能力为45万吨/年,服务年限为21.5年。矿井自2010年开始建设,2016年3月通过竣工验收,2016年4月末建成投产
授信情况	自2010年3月至2011年6月,中国银行安徽分行累计发放3.9亿元固定资产贷款,专项用于刘塘坊铁矿年采选150万吨铁矿石采选项目,期限10年,由中国中钢集团提供连带责任担保。2014年12月,中国银行安徽分行增加了借款人采矿权抵押,采矿权评估价值为1.5亿元	借款人系债权银行长期合作客户,最后一次贷款发放时间为2015年11月,债权银行为其发放短期贷款2600万元,到期日2016年11月10日,由企业提供房地产抵押并追加实际控制人夏某个人全额连带保证担保。该笔贷款已于2017年2月10日结清	截至目前,借款人在债权银行授信余额2.1亿元,全部为项目贷款,专项用于借款人天然焦矿井建设,期限11年。担保方式为:由新光集团有限公司及新光集团淮北刘东煤矿提供连带责任担保,并由金石矿业天然焦矿井采矿权抵押。按照还款计划自2017年进入还款期,每年1月、7月分两次还款。截至目前该借款人在债权银行首笔项目贷款2000万元已于2017年1月逾期
风险成因	1)行业不景气。2014年以来,国内经济增速放缓,钢铁行业困难加剧,铁精粉价格下跌,加之铁粉供应过剩、进口冲击等因素影响,借款人出现经营困难。2)集团陷入债务危机。受钢铁及铁矿石行业不景气影响,中钢集团陷入严重资金困境。2014年9月末,中钢集团公司传出大量贷款逾期;2015年3月,中钢集团被传出由国资委牵头进行债务重组,要求所有子公司暂缓支付银行贷款本息。3)企业生产能力差。刘塘坊矿体呈飘带状,矿体含量不深,采矿成本加大,平均付现成本较当地其他矿企每吨高出约100元。生产的铁矿石需4.5—5吨铁矿石才能加工出1吨铁精粉,而当地其他矿企只需要3.1—3.3吨铁矿石就可以加工出1吨铁精粉	外部融资和对外投资过大。至2016年年末,借款人投资澳大利亚探矿权和玉矿、鄂尔多斯煤矿项目等能源矿产类24837万元,投资安徽桐城农村合作银行、安庆独秀农村商业银行、安徽桐城江淮镇银行等银行股权7680万元,投资下属子公司桐城市鸿润羽绒公司、鸿润房地产公司、鸿润包装公司等1.6亿元,累计对外投资4.8亿元。至2017年2月末,借款人在各行授信合计达到12.8亿元。由于投资扩张过度,公司负债过大,财务成本过高,销售收入与负债规模不匹配,对外部融资依赖较大,导致资金链紧张	该公司2016年被列入"安徽省十三五期间将关停16对矿井",并于2017年1月停止生产,将于2017年6月闭坑。借款人矿井为新建项目,2016年4月末建成投产,矿井关停后自身经营现金流无法偿还债权银行授信。另一方面该笔贷款的担保人新光集团及刘东煤矿实力不强,而采矿权也随着矿井关停严重贬值

续表

企业名称	中钢集团安徽刘塘坊矿业有限公司	安徽鸿润(集团)股份有限公司	淮北金石矿业有限责任公司
债权银行采取的化解措施	1)积极与企业沟通,增加抵押担保措施。2014年10月以来,债权银行多次约谈刘塘坊矿当时的法定代表人,就增信方案及下一步管控措施进行协商并达成一致,并拟增加采矿权及土地使用权抵押。但在办理土地抵押过程中,中钢集团下文要求下属公司暂停办理增信担保手续,导致债权银行土地抵押手续无法继续落实。 2)加强与集团沟通。债权银行省、市分行人员多次赴北京中钢集团总部,就刘塘坊矿还本付息问题进行沟通,督促集团对贷款人提供多方面支持。 3)督促企业按还款计划还款付息。加强与企业沟通,要求企业及时筹措资金按计划还款及按时付息,提醒借款人不按时还本付息的不良后果。 4)加强贷后管理。2015年下半年至2016年上半年,借款人基本处于停产状态,客户经理仍保持每月至少一次赴现场检查并做好记录,密切关注企业动态。 5)积极开展债务重组。根据债权银行与中钢集团刘塘坊矿业有限公司、中国中钢集团公司、中钢资本控股有限公司签订的《债务重组协议》,于2016年12月20日,向刘塘坊矿业发放8年期中长期流贷1.6亿元;向中钢资本控股有限公司发放中长期流贷362万元;到期日为2024年8月1日。另外,总行通过可转债科目划来资金2.2亿元,用来归还刘塘坊矿3.9亿元项目贷款,原3.9亿元10年期项目贷款已结清,刘塘坊矿债务重组工作已完成,债权银行1.6亿元贷款由中国中钢集团公司提供连带责任保证担保,并追加刘塘坊采矿权质押	1)各金融机构一致行动。风险发生后,省银监局积极出面组织各金融机构与地方政府及企业开展有效沟通,经多次会议协商,于2015年9月底,债权银行、借款人、安庆市银行协会共同签订了《安徽鸿润(集团)股份有限公司及其关联企业"银政企"框架协议书》,明确对安徽鸿润(集团)股份有限公司及其关联企业实施救助,保证企业的正常生产经营,共同维护金融生态环境。框架协议签订后,各家银行均开展了卓有成效的信贷风险处置工作并取得重大进展。 2)积极寻找重组方。在各家债权银行及企业的努力下,借款人于2016年9月与中青旅实业(深圳)有限公司签订增资扩股协议,由中青旅实业对借款人进行增资,资金约5.73亿元。中青旅实业已转入5600万元投资保证金,并于2016年10月完成了借款人工商手续变更。股权变更登记后中青旅实业(深圳)有限公司持有借款人67%的股份,为公司实际控制人	1)积极推动债务重组。鉴于2017年金石矿业政策性关停,第一还款来源丧失,债权银行与新光集团有限公司就结算人债务处置方案进行多次面谈和协商,但企业需要向母公司及国资委汇报并取得同意,迟迟未见答复。 2)以诉促谈。鉴于企业未按照还款计划还款,且处置态度不明朗,债权银行于2017年1月向借款人及其担保人新光集团有限公司、新光集团淮北刘东煤矿送达《宣布贷款全部到期通知书》《关于金石矿业项目贷款处置意见的回函》以及《律师催告函》

来源:根据调研资料整理。

参考文献

中文

1. 聂辉华、江艇、张雨潇、方明月:《中国僵尸企业研究报告》,中国社会科学出版社 2016 年版。

2. 吴天林:《国有经济债务重组与实务》,改革出版社 1997 年版。

3. 恽铭庆:《金融不良资产处置》,中国财政经济出版社 2001 年版。

4. 石茂胜:《不良资产处置论》,经济科学出版社 2005 年版。

5. 周放生:《国企债务重组》,北京大学出版社 2003 年版。

6. 中国人民银行政策研究室:《银行与企业债务重组问题的研究》,中国经济出版社 1995 年版。

7. 戴晓芙:《日本"新金融行政框架"与不良债权的治理》,《日本学刊》2009 年第 1 期。

8. 苏杭:《金融危机后日本中小企业政策的新发展及启示》,《经济社会体制比较》2009 年第 6 期。

9. 刘红:《日本不良债权长期化的原因探讨》,《日本研究》

2008 年第 3 期。

10. 王朝阳、何德旭:《对日本银行不良债权的考察》,《世界经济与政治论坛》2003 年第 6 期。

11. 张季风:《日本不良债权处理的突破性进展与课题》,《日本研究》2005 年第 1 期。

12. 严红波:《日本银行不良贷款的处置与启示》,《武汉金融》2003 年第 8 期。

13. 杨栋梁:《20 世纪末日本不良债权问题探析》,《南开学报》(哲学社会科学版) 2015 年第 1 期。

14. 邓洲:《我国处置"僵尸企业"的进展、困境及对策》,《经济纵横》2016 年第 9 期。

15. 何静:《以破产重整方式治理僵尸企业过程中利害关系人权益的法律保护问题研究》,《法制博览》2017 年第 34 期。

16. 黄少卿、陈彦:《中国僵尸企业的分布特征与分类处置》,《中国工业经济》2017 年第 3 期。

17. 栾甫贵、赵磊蕾:《我国钢铁业僵尸企业的识别及退出路径选择》,《财会月刊》2017 年第 21 期。

18. 谭语嫣、谭之博、黄益平、胡永泰:《僵尸企业的投资挤出效应:基于中国工业企业的证据》,《经济研究》2017 年第 5 期。

19. 王仲兵、刘颖:《国有僵尸企业:概念、机理与治理方略》,《地方财政研究》2017 年第 5 期。

20. 尹嘉唡、邹国庆:《日本处理僵尸企业的主要手段及其启示》,《现代日本经济》2017 年第 4 期。

21. 朱舜楠、陈琛:《僵尸企业诱因与处置方略》,《改革》2016 年第 3 期。

22. 程虹、胡德状:《"僵尸企业"存在之谜:基于企业微观因素的实证解释》,《宏观质量研究》2016 年第 4 期。

23. 陈本菲:《僵尸企业的识别与域外处置经验借鉴》,《法制与经济》2016 年第 7 期。

24. 付晓:《论"僵尸"企业的退出机制》,《商场现代化》2016 年第 16 期。

25. 郭莹:《供给侧结构性改革视角下僵尸企业的成因与出清路径》,《现代经济探讨》2016 年第 12 期。

26. 胡文锋:《浅议"僵尸企业"的清退》,《法制与社会》2016 年第 9 期。

27. 胡永晔:《从博弈论视角看僵尸企业处置策略》,《中国商论》2017 年第 1 期。

28. 吉林大学中国国有经济研究中心课题组:《国企改组中债务重组方式研究》,《长白学刊》2002 年第 5 期。

29. 李雪珍:《上市公司债务重组问题研究》,《商业会计》2015 年第 6 期。

30. 李文华、常颖:《从各国债务重组看我国国企改制新尝试——债转股》,《决策借鉴》2000 年第 6 期。

31. 吕晓:《韩国不良资产处理经验对中国金融机构债务重组的启示》,《世界经济研究》2003 年第 4 期。

32. 刘奎甫、茅宁:《僵尸企业国外研究述评》,《外国经济与理论》2016 年第 38 期。

33. 寇家贵:《对供给侧结构性改革下僵尸企业处置工作的探讨》,《产权导刊》2016年第6期。

34. 任泽平、张庆昌:《供给侧改革去产能的挑战、应对、风险与机遇》,《发展研究》2016年第4期。

35. 苏红宇:《国企债转股难解困局》,《经济》2016年第27期。

36. 吴晗、贾润崧:《银行业如何支持实体经济的供给侧改革?——基于企业进入退出的视角》,《财经研究》2016年第12期。

37. 王阳:《僵尸企业的辨别与清理》,《企业管理》2016年第8期。

38. 王国威:《对国企债务重组的若干思考》,《甘肃科技纵横》2007年第2期。

39. 王绛:《清理"僵尸企业"五大难题待解》,《先锋队》2016年第6期。

40. 夏小林:《国有企业改革:端正方向,摒弃"僵尸"》,《天府新论》2016年第3期。

41. 余顺、孙昌兴:《大型国有企业债务重组方式应该多样化——"债转股"只是一种方式》,《河北法学》2000年第2期。

42. 叶子祺、刘鹏:《我国地方国有"僵尸企业"形成的主要原因及解决对策》,《对外经贸》2016年第7期。

43. 杨小波、郑联盛:《阿根廷债务重组:现实困局与制度反思》,《经济与管理研究》2015年第7期。

44. 周淑蓉:《"僵尸企业"处理策略》,《经营者》2016年第

7 期。

45. 朱鹤、何帆:《中国“僵尸企业”的数量测度及特征分析》,《北京工商大学学报》(哲学社会科学版)2016 年第 31 期。

46. 黄志凌:《债务处置的八大实战方法》,《中国科技投资》2002 年第 6 期。

47. 何虹:《化解僵尸企业银行债务风险面临的问题及政策建议》,《河北金融》2017 年第 7 期。

48. 王欣新:《“僵尸企业”治理与破产法的实施》,《人民司法》2016 年第 13 期。

49. 吕薇、陈道富、朱鸿鸣:《推动企业—银行债务调整 助推实体经济转型升级》,《中国发展观察》2015 年第 4 期。

50. 谢玮:《债转股并非“灵丹妙药”,对“僵尸企业”无效》,《中国经济周刊》2016 年第 43 期。

51. 朱德良:《“僵尸企业”破产出清时银行债权面临的风险及其对策》,《中国农村金融》2016 年第 24 期。

52. 巩亚宁:《国有“僵尸企业”清理的难点和对策》,《上海国资》2016 年第 8 期。

英 文

1. Mark R. Corporate Sector Restructuring: The Role of Government in Times of Crisis. *IMF Economic Issues*, 2004.

2. Lee K S. The Korean Financial Crisis of 1997: Onset, Turnaround, and Thereafter. *General Information*, 2013.

3. Pomerleano M, Shaw W, Bank W. Corporate Restructuring:

Lessons from Experience. *World Bank Publications*, 2010.

4. Shin J. Corporate Restructuring and its Macro Effects. *IMF Working Papers*, 2017.

5. Heo I. South Korea's Corporate Restructurings after the 1997 and 2008 Economic Crises: Different Patterns and Lessons for Policy. *Asian Politics & Policy*, 2013, 5(3), pp.441−459.

6. Jose M. Garrido. Out−of−Court Debt Restructuring. *World Bank Publications*, 2012.

7. Hoshi T, Kashyap A K. Will the U.S. Bank Recapitalization Succeed? Eight Lessons from Japan. *National Bureau of Economic Research, Inc*, 2008, pp. 398−417.

8. Matsubayashi Y. The Effort to Stabilise the Financial System in Japan: An Outline and the Characteristics of the Programme for Financial Revivial. *Bruegel Working Paper*, No. 2015/02, 2015.

9. Syed M H, Tokuoka K, Kang K. 'Lost Decade'? In Translation: What Japan's Crisis Could Portend About Recovery from the Great Recession. *Kiichi Tokuoka*, 2009, 09(282), pp.1−40.

10. Nakaso H. The financial crisis in Japan during the 1990s: how the Bank of Japan responded and the lessons learnt. *Social Science Electronic Publishing*, 2001.

11. Hoshi T, Koibuchi S, Schaede U. Changes in Corporate Restructuring Processes in Japan, 1981−2007. *ESRI Research Program: "Japan's Bubble, Deflation and Long−Term Stagnation"*, 2009.

12. Roxburgh, C., Lund, S., Wimmer, T., Amar, E., Atkins, C., Kwek, J. - H., Dobbs, R., Manyika, J. Debt and Deleveraging: The global credit bubble and its economic consequences. *McKinsey Global Institute*, 2010.

13. Kawai M. Reform of the Japanese Banking System. *International Economics & Economic Policy*, 2005, 2(4), pp.307-335.

后　记

　　供给侧结构性改革是习近平新时代中国特色社会主义经济思想的重要内容,是推动我国经济高质量发展的重要任务。去产能位居供给侧结构性改革五大重点任务之首,深入推进去产能的"牛鼻子"就是加快淘汰"僵尸企业",这关系到供给侧结构性改革能否实现实质性突破。在加快推动僵尸企业出清的过程中,债务处置成为难点和拦路虎。习近平总书记在2017年2月28日主持召开的中央财经领导小组第十五次会议上强调"要区别不同情况,积极探讨有效的债务处置方式,有效防范道德风险"。因此,研究如何有效处置"僵尸企业"债务意义重大,事关供给侧结构性改革的大局。

　　基于此,国家发展改革委经济研究所承担了宏观院重点课题"'僵尸企业'债务处置方式研究",对"僵尸企业"债务有效处置方式进行了系统研究和深入探索,旨在为国家制定出台有效处置"僵尸企业"债务的政策措施,加快推进供给侧结构性改革提供支撑。课题多篇研究成果获得国家发展改革委委领导的肯定性批示。

　　本课题研究成果是集体智慧的结晶。国家发展改革委经济研究所所长孙学工研究员全程精心指导,副所长郭春丽研究员大力支持,安淑新和李世刚主持,刘方、李清彬、梁志兵、盛雯雯、杨帆、俞苇然参加。其中,第一部分主报告由安淑新、李世刚撰写,第二部分专题报告一由刘方撰写,专题报告二由李清彬撰写,专题报告三之一、之二、之四、之五由盛雯雯撰写,之三由李世刚、安淑新撰写,专题报告四由李世刚撰写,专题报告五由梁志兵撰写,专题报告六由李世刚、安淑新撰写,调研报告一由安淑新、李世刚撰写,调研报告二由杨帆撰写,文献综述报告由刘方、俞苇然撰写。课题组成员兢兢业业、认真负责,查阅了大量文献,进行了大量的实地调研,为课题的研究付出了辛勤的劳动,在此表示衷心的感谢。

由于水平有限,课题研究还存在提升的空间,恳请国内外学者和业内人士不吝赐教。随着实践的发展,课题组将对研究成果不断予以修正和完善。

"僵尸企业"债务有效处置方式课题组
2018 年 10 月于北京

责任编辑:安新文
封面设计:徐　晖
责任校对:张红霞

图书在版编目(CIP)数据

"僵尸企业"债务处置方式研究/安淑新等 著. —北京:人民出版社,
　2018.11
ISBN 978－7－01－019381－6

Ⅰ.①僵… Ⅱ.①安… Ⅲ.①企业债务-研究 Ⅳ.①F275

中国版本图书馆 CIP 数据核字(2018)第 107520 号

"僵尸企业"债务处置方式研究
JIANGSHI QIYE ZHAIWU CHUZHI FANGSHI YANJIU

安淑新　李世刚　等 著

人民出版社 出版发行
(100706　北京市东城区隆福寺街 99 号)

中煤(北京)印务有限公司印刷　新华书店经销

2018 年 11 月第 1 版　2018 年 11 月北京第 1 次印刷
开本:710 毫米×1000 毫米 1/16　印张:14.5
字数:155 千字

ISBN 978－7－01－019381－6　定价:45.00 元

邮购地址 100706　北京市东城区隆福寺街 99 号
人民东方图书销售中心　电话 (010)65250042　65289539